阮兜ㄟ阿伯

—帶你尋找真正的幸福

作者 涂琦臻

自序

多年前的因緣際會在臉書開設「問神解答班」，自此秉持著推廣正確宗教信仰觀念，期盼有緣人，在面臨人生抉擇時候，能夠透過這個平台獲得正確的觀念，不誤入歧途。

沒多久後，我發現臉友們經常詢問事情，大致上不外乎如何辨別問神眞假、我們應該要用怎樣的心態與方法面對傳統宗教信仰等，這類問題，因此我就將這些提問歸納後，再將我於網路平台的回應，轉化爲阿梅一家人互動的方式，撰寫成冊，出版《問神解答班》一書，以使能完整的傳遞，面對傳統宗教信仰的應有的正確觀念。

經過了多年，「問神解答班」，如今已經是傳統宗教信仰知名解惑平台。來訊詢問者，也不再侷限於傳遞正確傳統宗教信仰觀念，而是期盼透過問神的方法，尋求抉擇或給予建議及方向。

這些問題不外乎情感、事業、健康、家運、錢財等。透過與臉友的互動中，發現信仰與實踐關聯性與重要性。因此將這些年來，經常出現的問題與自身的經驗，重新歸納整理後，得到一個重要的啓發：信仰必須建立在信任的基礎上，相互信任才能獲得期待。現在就讓我們隨著書中主人翁阿梅，重新認識傳統宗教與生活實踐的關聯性，以及要如何透過指引與實踐，走向你期待的幸福人生。

阮兜ㄟ阿伯

目錄

前言

阿梅，一個新時代的女性，擁有讓人稱羨的國外學經歷背景，但是其他的部分可就不是這個一回事了，多年前因爲阿梅母親的身體健康的問題，工作之餘外，專心致力研究醫療疾病與傳統宗教信仰的領域，期待能夠協助母親在人生最後一段路，減少些痛；自此發現了一些關聯性：透過信仰、努力實踐與付出，累積出自身體悟與智慧，幫助到自己母親在人生最後一段路，可以完成母女雙方心願及減輕疾病折磨的，讓其母親一路好走。

如今阿梅的雙親都已經離世，此時，阿梅回頭檢視自己過往，發現自己並非外人眼中看到的光鮮亮麗，原來支撐這些美好的背後，都是雙親的包容與支持所創造出來。如今，阿梅已經沒有雙親默默支持之後，當面臨人生的大小事情，在沒有親人可以商量下，回到一切只能靠自己，要怎樣才能做出正確的決定……天無絕人之路，孝順又行善多年的阿梅，老天爺給予了另一條路，讓他身邊有個阿伯，可以給予如同父母般的溫暖和支持。

阿梅的這個阿伯很特別，個子小小的，經常帶著一條奇怪的狗，個性是一個溫柔又愛嘮叨，大小事情都替幫她操煩；當阿梅不在家時，會替阿梅看家；當阿梅遇到麻煩時或不順心時，會適時的叮嚀，給予必要的支持與協助；相對的，若不聽話時，也會給予懲罰，讓阿梅睡不好覺，夜不安寐，使阿梅必須向他投降認錯後，並把交代的事情做好、做完，才肯放過阿梅。就這樣，阿梅透過阿伯的幫忙、指引開創出不一樣的的人生，建立出全新不一樣的人生，就讓我們透過阿梅的經歷來認識與親近這位——阮兜ㄟ阿伯～

願此書，讓全天下有情人，均可找到真正的幸福！

阿伯的出現

因長大了，書念得不夠好，阿梅沒有考上家鄉的第一志願，只好被迫遠離家鄉出去唸書，就這樣離開家鄉，展開一段沒有親人在身邊，一切只能靠自己的日子……。唸完書後，曾想回家工作，但又因爲家鄉的工作機會少，找不到合適的工作，只能選擇，繼續遠離家鄉出外打拼，就這樣一個人，過著看似無拘無束生活著，一晃眼十多年就過去了，早也習慣在外面漂流的日子。

有一天，阿梅透過半生不熟友人認識了一個人，結果沒想到那個人卻向阿梅推銷起保險，心想哪有這種朋友的，還幫腔逼著買保險，後來才發現原來是男女朋友，這也就難怪了，本來交情就已經是半生不熟的狀態，如今這一搞，完全只會越來越遠，也更看清楚他的心性。只能感嘆：

「咳，人性還眞的是經不起考驗……。」

最終，還是失去了這個朋友。

於是阿梅也開始思索某些事情，盤點這多年來，生活的點點滴滴，一個人在異地漂流多年的生活，外人看似光鮮亮麗，個中滋味只有自己最清楚：比上不足、比下有餘的日子；自由自在，無拘無束。但是，總覺得欠缺了某些說不上來的東西，想想這也不是個辦法，畢竟有些事情，遲早都是要面對和處理，若是維持一成不變，不進則退，到頭來一場空，只能自怨自艾，何苦來哉！

既然如此，與其只會胡思亂想地去改變那些在無法改變的人、事、物，何不如從改變自己先做起，畢竟這比較容易也可以掌控的。

因此阿梅第一步就是決定買房換工作，阿梅心想，孟母說三遷，我只要學她的精神一遷就好，從改變生活環境當作起點，當起了城內人……。

剛搬到城內時，總覺得城內人好冷漠，每個人都行色匆匆，有些跟不上城裡的腳步，總是被時間追著跑；這種趕急似的生活，實在是好累喔！

想著，家不就應該是一個可以安然休息的地方，而不是爲了維持這個家，只能像個陀螺不停歇的打轉著，追趕著別人的期待，三不五時感到身心俱疲，更是不快樂。心想是不是自己跟孟母一樣，一開始就選錯了地方，也必須要三遷才能達到目標，可是搬家更累！

「算了，先這樣再撐一陣子說不一定，久了也就習以爲常。」

就這樣，阿梅在懷疑自己選擇是否正確的日子生活著。

過了一陣子，每天持續趕趕趕，忙、盲、茫，心裡想，還是有些適應不良，看來阿梅眞的沒比孟母厲害！人家也要三遷，阿梅若一遷就能成功，這樣古人就不會把孟母當成典範了，如若要放棄就必須當機立斷，現在一切都還來得及改變，但是心有不甘，尤其在特別在沒日沒夜的忙碌時，心中就會泛起這樣的念頭，也只能繼續躊躇著；但其實阿梅自己也知道就是一直都沒有下決心，要怎樣才願意面對現實，承認自己並沒有別人認爲的那麼厲害……。

某個星期六下午，阿梅在家附近的巷弄，沒有特殊目的在街上悠閒閒晃著，就當作散步運動，在前面不遠轉彎處，傳來的一陣陣音樂，阿梅走近過去，發現前方有一個的房子，原來音樂是從這裡傳出去的，裡面也傳出很熱鬧的聲音。

這條巷子，阿梅平時也會經過，但總是靜悄悄，完全沒有留意到有甚麼不同，或許是平日總是趕來趕去，沒留意吧？今天剛好，天時地利人合，順勢引起阿梅的好奇心，一探究竟，到底是甚麼事情可以這麼熱鬧，蹴進一看，外觀古色古香的住宅，應該是屬於仿日古建築，頗具特色，完全融入周邊街景配，低調奢華之風，難怪平日沒注意。今天大門沒關，站在門口，就看到人們熙熙攘攘，似乎可以自由出入的樣子……，往前走去發現，門口立了一個牌子，寫著「歡迎參加」；應該是有對外開放，阿梅也好奇跟著人群走進去，跨過大門門檻後，映入眼簾，有一個綠油油打理很好的草皮，看得出主人與管理者的用心；在那裏有許多人們，各自圍成群，分別高聲談論有興趣的話題，完全沒有在意旁人，一派輕鬆；雖不時有人從旁經過，都會相互點頭示意，但卻不會特意過來搭理，看來應該是沒空吧！

再往內走，這時來到另一個樣貌，仿巴洛克雕飾的外牆、羅馬柱、水池，感覺來到了不一樣的世界，這裡沒有前面草皮區人聲鼎沸的情景，只有幾張桌子、幾個人啜著杯中物，或優雅的看著這天空，或不知是想甚麼事物可以如此忘情。當與這些人四目相交時，他們也很優雅的點頭致意，繼續過著自己優雅時光，感覺好像與阿梅是不一樣的人。心想，在這熱鬧又急忙的城內中，原來有閒情逸致、過著優雅生活的人就在身邊，常言道，貧窮限制了想像，阿梅今天算是開眼界了，眞是希望哪天自己也可以如此生活著！再往裡走去，看起來應該是大廳。

阿梅仔細一看，原來這才是眞正的建築物主體，建築物看來是採取新古典主義的沉靜、磅礡中帶有精細之美，樓層外面看上去應該是三層樓高，回探發現，這裏與門口仿日古建築圍牆根本是無法想像，看來外牆作風，是故意讓整個建築物低調不顯眼，融入街廓的風格顯得不突兀。仔細想想，就能發現這主人的用心良苦了，阿梅心想應該是哪位知名富豪的聚會所！

阿梅走進大廳後，印入眼簾的是一桌一桌的食物，抬頭一看，布條寫著落成茶會，一切終於眞相大白，也明瞭爲何這個建築物今天會開門，而且任何人進出沒有被阻攔，原來就是這個原因阿！不認識阿梅的人，應該會誤以爲阿梅是主人的朋友，難怪一群人、一群人高談闊論，也可以耍廢發呆，對於不認識的人也優雅點頭、微笑示意，畢竟都是主人的客人！

這下子好了，看來阿梅是闖到別人的場子，原本阿梅還想繼續參觀的心情，立刻轉換成想逃離的心情，當下眞想找個洞躲起來好了，以免被認爲是來吃霸王餐的，太丟臉了，趁現還沒有人認出來之前，趕快離開爲上。正當阿梅向後退兩步時，不小心碰到後面來人。

「抱歉、抱歉，不小心撞到您了。」

「沒關係的！」

一個熟悉又親切的聲音，這時阿梅抬頭一望，原來是阿梅隔壁鄰居的阿舍伯，西裝筆挺。

「阿梅小姐，歡迎你來，本來想去你家要邀請你，一同來熱鬧，只是看你平常都很忙，也一直沒連絡上，我還在想說，不曉得你會不會來，來了就好，來了就好，等一下幫你介紹一下，大家互相認識，今天來的都是附近鄰居和我自家親友，以後有空多走動走動，生活才不會無趣……。」

原來阿舍伯就是這場子的主人，平日聽到鄰居閒聊都只是知道他是有錢人，日常穿著打扮就布鞋、看不出品牌的運動衫、短褲和棒球帽，沒想到這麼有錢……眞人不露相，超低調；而且阿舍伯本身就是一個很熱情又好客的人，也是阿梅剛搬到這裡時第一位有來往的鄰居；阿梅回想起剛進來的狀況，難怪大家覺得阿梅一點都不陌生，原來如此。約莫過了一刻鐘時間，突然有廣播聲音傳來：

「你們好，歡迎大家來我厝熱鬧，今天辦入厝，大家都知道，我之前住前面那棟五樓，以後就搬來這住，也不遠，有時候還是會回去那間老房子休息一下、輪流住，歡迎大家有空來這裡，找我泡茶聊天；今天來的人，大多數都是厝邊鄰居，有些是搬來不久的，也趁今天這場合大家互相認識，像我們家有養狗，這邊也很多養狗的人，有空也可以串門子，聊聊養狗經驗，也有像王先生一家人愛爬山和旅遊的，想要出去玩可以揪他們……，反正喔！互相咻揪就對，大家互相照應，比較不無聊，今日有準備一些餐點，大家隨意自由享用，希望大家愉快。」

阿舍伯致詞完畢後，有的去拿餐點，有的繼續談天論地，各自散開。這時，餐點區已經有約莫不超過十個人在排隊了；這些人手腳還眞快，已經在取餐，看來趁現在排隊的人還不多，阿梅也趕緊先去排隊，順便研究一下，有沒有甚麼特別的餐點可以嘗鮮。沒過多久，阿梅後面就出現排隊的人龍了，嗯……先來排隊眞是明智的決定。

這時，有一對小姊弟手拉手，朝阿梅正前方走過來，看來好像是要請阿梅幫忙拿取餐吧？

突然小姊姊拉了阿梅的衣服然後說：

「阿姨有一個阿伯，想請您過去一下」，然後手指著後方的房間，這時阿梅心想，這裡我認識的阿伯只有阿舍伯，但他就在前面跟別人閒聊著，怎還有認識的阿伯？可是這麼小的小孩應該是不會騙人的吧！於是阿梅就半信半疑的回應：

「可以喔，可是，阿姨不知道是哪位阿伯，你們可以帶我去嗎？」

「好喔！」小弟弟就牽著阿梅的手往那個房間走過去……。當一行人走到房門口時小姊弟一同說道著：

「阿伯，我把阿姨帶過來了，你可以出來了！」

說這時那時快，這對小姊弟一溜煙就消失在人群中，看來應該是回去找爸媽了吧！而阿梅一個人被留在這房門口。這時，從房間裡傳來一個溫柔、但有點熟悉的聲音，可是不是男生的聲音，而是一個女生，看來裡面應該不只一個人吧！就這樣阿梅踏進去那個房間，一踏進去後，這時阿梅眼前出現了一片金色光芒，燦爛奪目，讓人無法睜眼直視……。約莫過了十秒後，這道光就沒那麼的強烈，阿梅終於可以看清楚了，原來眞的是一個阿伯和阿姐，只是這兩位我並不認識，這時，阿姐輕拉一下阿梅的手，然後叫了一聲阿梅，並說：

「我們有一段時間沒見了，你搬過來也有一陣子了，近來可好？」

這時阿梅正努力回想是否在那裏有見過，想了想，實在是想不起來，就隨意客套回應。

「哦！感謝關心，一切還算平安啦，只是沒想到在這裡會見到妳，妳平常也都很忙，今天還特地撥空來參加阿舍伯的活動，眞是好巧阿！」

「是阿，阿舍伯邀請我來長住，以後我就住這裡了，想說今天剛好我身邊這位阿伯也有空，所以就請他一起出席了，他可是我的好朋友，妳們也很熟，今天剛好大家都在，剛剛就請兩位小子去把你請來聊一下……」

這位阿姐繼續講著，可是阿梅就一直想不起來，突然靈光一閃，瞄一下這房間，根本沒有任何可以住宿設備，怎能住人，難道是在開玩笑嗎？在瞥一下頭，看到後面有張桌子，牆上好像掛了一幅佛經雕飾，桌上有鮮花素果，還有香爐，有一縷輕煙飄飄，看來這裡應該是神明廳的地方，阿梅心想，開玩笑，又不是神明，這樣怎能住人。

突然靈光一閃，阿梅打斷這位阿姐講話，並且用試探性的口吻，並手指著她的後面，妳總不會是那個……，他也是……對吧，不然怎麼住！這時阿姐和阿伯大笑。

「妳總共花了我們三分鐘才發現了，我們正在想說，不曉得妳還需要多久，才會認出我們，想說總不會要我們自己報上名來，我們知道今天妳會來，所以特地來看看妳的是否一切安好……。」

阿梅正想說時……

睁著眼看著天花板，阿梅發現自己正躺在家裡的床上—啊！原來一切都是夢，這夢太清晰了，可是沒聽清楚他們到底說甚麼事情……，兩個一起出現，很特別的搭配，阿梅自己坐在床上發呆笑著……，看了一下床頭鐘，已經是下午四點多了，沒想到已經睡了二個多小時。

離開床後往下走到客廳，阿梅突然想到，家中的地藏王菩薩這幾天就要請回來了，……阿伯……，終於想起來了，原來剛剛夢中的那位就是你。阿姐，阿姐，也對，在外人阿梅總是稱媽祖叫做阿姐，難怪阿姐說你、我都很熟悉；阿梅會心一笑，沒錯，我們是眞的很熟，在過沒多久就要來住了，還需要請阿伯多多照護。

幾周後，阿伯帶著他的寵物——諦聽，正式進駐阿梅家，成爲阿梅家重要的成員之一。

新的開端——起家厝的建立

自從阿伯住進阿梅家之後，生活作息作了一點修正：早上要燒開水、上香、問安，假日要念經，作早課，下班回家報平安，祂就如同家人一般。幾周下來，覺得心中越來越踏實，感覺每天都有人在家等待，讓自己住的地方感覺更像個家了，不再有一個人孤單的感覺，也不會覺得忙碌生活不知爲何，反而更有方向和使命感了。

回想起與阿伯結緣到正式請回家作客，也是折騰一番，從找房至今，一晃眼也過好幾年了。阿梅之所以能在城內買下這間房，幸好在最後一哩路，有阿伯的幫忙，若沒有祂的大力支持，根本就沒想過，這輩子機會可以再當回城內人；如今有能力可以在這裡安身立命，祂當然是阿梅第一個要感謝的人了，請祂回家作客理所應當，將感謝的心化爲行動，一起享受美好的成果。

話說，自從阿梅買房計畫開始，只要一有空就開始留意房市的動態，看看如何取得一個合適自己的窩，畢竟，沒有人是那麼愛到處漂流的人，回想這麼多年都在外漂流，若不是當時海外條件比較好，家人又支持、年輕有失敗的本錢……等多方條件下，剛好主管賞識，有個不錯的機會可以出去闖闖，使自己有機會多累積一些經驗與資本，不然誰不想留在自己的家鄉過安生日子，而選擇一個到人生地不熟的國外奮鬥……。

就這樣，阿梅開始留意找房的頭一兩年，心中總覺得：房價怎麼永遠都居高不下，想要的房子還是一樣的貴，而且每年都漲，政府老是說一直說打房或房價有跌，到底打到哪？跌在哪裡？到底是我、還是官員不食人間煙火啊，怎麼會差這麼多……

有一次，阿梅在網路上認識一個老仲介，就問了這位老仲介，怎麼新房一直漲不停，我們的薪資漲幅，根本就比不過房價漲幅，這樣讓我們這些小老百姓怎麼能買到一個想要的房子，政府不是說房價有下修，到底修到哪去了？這位老仲介很耐心的仔細分析：

「妹子阿，關於房價，還是眞的有在降，以你現在居住的地區，新屋現在很多廣告總價都採用『毛胚屋』交屋標準，但是沒有人只買毛胚屋不裝潢、沒家具就這樣入住，所以一定要裝潢。以城內來說，裝潢工資高、物價也高，所以房屋售價加裝潢、交易過程費用與稅金等，當然沒有比較便宜囉，層層堆疊後就覺得價格沒變動多少，而且城內的土地少，很多宜居地點都是老屋都更，多年沒交易了，再加上稅金算算一算，當然就不便宜了……，你其實可以考慮中古屋，原則上中古屋，屋齡不大的，生活機能好的很多，你現在住的那區，雖屬於城內外圍地區，但交通方便，生活機能也不錯，而且中古屋的房價眞的有在緩跌，裝潢成本也較毛胚屋低，要自住是眞的可以好好考慮，若有考慮中古屋的話，老哥哥再幫留意。」

當下阿梅心想，電視上很多理財專家或房市專家都說房子要多看，老仲介講的好像也不無道理，而且中古屋市場交易也很活絡的，目前自己住的也是中古屋，若是有不錯的也是可以考慮，只要留意屋況和交易細節，應該還是可以的，反正多看就對了。

「好啊，但是我希望能住城內，城外也是可以，你有空就幫我多留意價位落在這個區間的房子，但不要套房喔，至少要有兩房，城內價格高一點也是可以接受，最重要的是我沒車也不會騎車，所以大眾交通工具要很方便才行，不然住進去了，出入困難，可是會瘋掉。法拍屋……」

「妹子，法拍屋不是你可以買的，好的還沒丟出來就搶走了……」

「老哥你想太多了，法拍，我是有朋友在做，只是對於買房和投資我只有一個概念，不懂的別碰，我可沒多餘的錢可以繳房地產的學費。」就這樣，阿梅也將中古屋和城外交通機能好的地區也納入考慮的範圍。

又經過了半年，阿梅透過老仲介的介紹，從城內看到城外，正常屋看到凶宅，預售屋看到二十年屋齡的中古屋，假日看到平日，白天看到晚上，晴天看到雨天，大樓看到公寓，就這樣很積極的去看房，這段期間大概也不下五十間房子，總結就是滿意的買不起，買得起的不滿意，怎麼就是沒有剛好買得起又滿意的房子，難道真的像別人說的，買房要看「緣分」，房子會找到適合的主人？若真的是這樣，屬於我的窩，何時才能出現啊，天啊！買個房子怎麼這麼難，改變生活眞是難，這時阿梅心中對天喊說：

「我的房，你我緣分何時到，主人在這呼喚你快快出現，我可是很積極在找你，你到底躲到哪去了，趕快出來吧。」經過一段時間積極尋找，也沒看到合適的，看來老仲介可能也不是阿梅的窩有緣人，只能把步調放緩了。

這段期間，雖然看房占用阿梅很大一部分時間，阿梅依舊每個月撥空去廟裡去找阿伯報平安，一如往常。

說起與阿伯認識的機緣，從某天阿梅姊夫手中拿了一本農民曆放在茶几上開始的……，這本農民曆是城外某個村莊大廟所發行，上面有那間廟的主神，當時看了一下，完全沒感覺，只是好奇覺得姊夫怎麼跑去這廟，離家算是有點遠，而且也沒聽過那間廟，比較特別的是，那間廟是用「庵」字，而不是寺或宮，是有尼姑在住嗎？很特別。於是，好奇拿起來翻閱，前幾頁有介紹這間廟，感覺這間廟還不小，只提供參拜，沒有尼姑住。這時姊夫就說：「阿梅，這個廟還滿靈的，香火鼎盛，有興趣可以了解和去參拜一下。」當下阿梅只覺得，我拜我習慣的、有緣分的廟，這個又遠，沒興趣。只是後來因為家中有祖先的事情要處理，媽祖特地要阿梅去找地藏王菩薩處理，就想到這間離家有點遠的「庵」，自此緣分展開，將交代的事情處理完後，從此阿梅也定期來報到，就連她母親的臨終前，阿梅也是請阿伯幫忙，讓她可以舒服點離開，從此建立和阿伯的一輩子不解之緣。

這天，阿梅一如往常地去廟裡拜拜，今天先去跟媽祖報告近況，再去跟地藏王菩薩報告，就在參拜地藏王菩薩的時侯，突然阿梅就向菩薩發了一下牢騷說：

「菩薩，我房子找好久，都沒有找到合適的，怎麼會這麼難，要說我不認眞還是不努力，我也花了很多時間，但就是沒有，總不會眞的運氣這麼差……」

阿梅就碎碎念著向菩薩告解一番，然後完成參拜程序就離開了。阿梅在回家途中心想，我好像跟菩薩沒這麼熟，是媽祖比較熟，但也沒向媽祖念叨找房子的事情，不知是怎麼了……，既然都講了，也沒辦法了，還是太衝動了，一時改不了，也就只能這樣了吧。

隔週的星期六下午，阿梅與朋友相約於城內花園廣場門口，從車站走出來經過一家房仲門市，正在等紅綠燈時後，轉身看一下身後方的櫥窗廣告，或許有機會發現好的物件可以留意，隨意看一看，發現這邊房價也很貴，是符合城內交通便捷區的房價水準，這時有個年輕仲介，約莫剛畢業左右，從裡面走出來說：

「您好，有在找房子嗎？」

「是啊，只是這區好像也不便宜喔！」這位年輕仲介，遞上名片給阿梅，然後說：

「其實我們這區已經算城內價位相對沒這麼高的地段，您大概想找怎樣的房子，可以透過店裡系統找比較容易……」

阿梅看了一下手錶，與朋友相約的時間還早，就隨他進去店裡搜尋一下，發現好像有可以看的，只是今天沒有時間，於是留下資料，另約時間去看屋，就去赴朋友之約。

幾天後，這位年輕仲介，來電與阿梅約可以看屋時間，就這樣他幫阿梅安排四間房子，看下來，不是因爲離車道近較爲吵雜，或房屋格局不喜歡，或窗門口有天橋遮蔽等問題；想說，咳，看起來這區能住的，也是很貴，買不起，畢竟只是路過隨便問問，所以有這樣結果也是應該的。

因此，阿梅也只能請年輕仲介留意合適的房子。就這樣，每週，年輕仲介很積極幫忙阿梅安排看屋，連續安排一個月，也都沒看到合適的，因此年輕仲介也將看屋的熱度下調，於是，只能繼續期待「有緣」的房子出現。

兩個月之後的某一天，一通是由年輕仲介的公司來電，對方卻是一位女生，告知這兩天有新的物件，而且屋主有意降價拋出，覺得會很合適，想邀請阿梅安排時間過去看屋，阿梅也不疑有他，隨口就答應，請對方儘快安排時間。約定的時間到了，這次帶阿梅去看屋的是兩位男仲介，其中一位就是原先的年輕仲介。在前往看屋途中，年輕仲介告知：

「阿梅姐，今天要去看的物件是同一個社區，在這社區總共有五間要賣：兩間套房，一間樓中樓、一間邊間、一間中間的房子，從樓下看到樓上，這五間都是同一個屋主要出售：套房是姪子們住，屋主住樓中樓，邊間是媽媽和媽媽的男朋友住，中間是姐姐一家住，看來一家人都住同一棟，五間看完後，屋主和媽媽住的這兩間是阿梅喜歡的格局，看來眞的不錯喔！詢問了年輕仲介關於屋主狀況和預計出售價格，才知道屋主日前買下前面不遠處，新蓋的房子，全部人要搬過去，所以就將這邊全部賣掉，至於價格，一聽又是買不起的價格，心想雖喜歡但也只能放棄，這時，另一位觀察細微的男仲介說：

「阿梅姐，您若眞有興趣的話，我們可以幫您跟屋主議價，但是屋主是有期待的價格，只要沒有差太多，應該都有機會成交，屋主是很有誠意要賣的。」

阿梅當下想了一下，買房畢竟是大事，最好還是與家人商量一下爲宜，因此在離開前，請兩位仲介幫忙留意日後還有好物件可以繼續安排，雙方相互道別；心裡正在想，這一區塊的物件大概也和之前一樣，喜歡的買不起，算了，換另一區看吧。就在當晚阿梅接到年輕仲介的來電，詢問阿梅對於今天看房的心得：

「我是有喜歡，就是樓中樓和邊間這兩間，可是屋主開價這麼高，離我的預算有段距離。」

「阿梅姐，有喜歡就先開價，至少可以先預留議價機會，不然很容易就被搶走了，看您覺得多少合適？」

「這樣啊，我認爲這兩間分別的價位爲……」

「好的，我查一下，是否可以保留議價優先權……」

「阿梅姐，很抱歉耶，這兩間剛剛已經有人來付斡旋了，沒法幫您保留，您看另外一個中間那間也很不錯，要不要幫你詢問屋主？」

「怎麼這麼快，若是沒機會，就算了，其他的我就不考慮了，到是有類似物件還是可以通知我去看屋。」雙方掛上電話，阿梅就靜靜等待消息。

兩周過後，想著想著，不曉得上班附近，是否有機會找到合適物件；上班地區是在城內老舊城廓，算是城內最便宜的一區，雖然居住整體環境不如目前居住地方，但是有交通方便的優勢，而且價格也沒有城內新城廓那麼高，或許有機會也說不一定。一個月之後，某天中午吃飯時間經過房仲店門口，看了一下物件，這時有一位女仲介，約莫二十六七歲左右，急忙跑出來遞上名片。

「您好，有要找房子嗎，可以裡面慢慢看，請進請進。」年輕人很積極，想說也不會耽誤很久，隨之進入店內閒聊，經過幾分鐘後，女仲介大致上了解了我的需求後，於是她就安排這周六下午帶阿梅去看房子。星期六下午阿梅依約到指定的地方等候，這次女仲介也是安排四間房，只是不同之前年經仲介或老仲介安排的方式，這四個地點還滿分散的，阿梅只好坐著女仲介的摩托車去四個點看房子。看到第二間時候，天空突然下起雨，看完後要去下一間時，女仲介就拿出已經準備好的雨衣給阿梅。

「姊姊，下雨了，還有兩間，我們就穿上雨衣把這兩間也看完好嗎？」阿梅就點點頭，穿上女仲介準備的小飛俠雨衣，繼續坐著小綿羊摩托車去看房，這時阿梅心想，第一次這麼狼狽看房子，經驗難得，回去跟朋友說這樣情況，大概不會有人相信，我是如此這般狼狽的去看房子。約莫花了一小時看了另外兩間，終於全部都看完了，這時女仲介就邀阿梅回店裡聊。進到店裡，女仲介的同事已經準備好乾淨的毛巾、熱呼呼茶水等候著，阿梅看著這女仲介比自己慘，全身溼漉漉的，還繼續招呼阿梅，實在不好意思。

「沒關係，你先去換衣服，我不趕時間，我會在這等妳。」這時，也終於了解，作房仲其實有我們看不到辛苦的那一面，風吹日曬雨淋，帶看了這麼多件，若沒有半件成交，都是做白工，所以仲介費高也是合理。過了幾分鐘，女仲介回來了，詢問今天看房的心得，阿梅跟她說：

「沒有一間我滿意的，讓你白忙一場了，很抱歉。」

「姊姊，你看了多久房子？」

「我找房子有超過一年以上了！」

「姊姊，難道都沒有喜歡的嗎？」

「有啊，就上個月也是你們集團旗下分店，就在花園廣場那附近的房屋，只是已經被人家先去斡旋。咳，我就看完當下沒有立即下決定，就沒了，只能說沒有緣分。」

「姊姊，今天有看到喜歡的種類嗎，我們用種類來搜尋可能比較容易鎖定目標，區域就整個城內，不是我們店的物件，只要是我們集團內的銷售的都可以，價格限制就依照您開出來的價格。」

於是阿梅告訴女仲介，喜歡的房型和價位。幾秒鐘過後，螢幕上出現了一間很熟悉的房屋照片，隨口一問，發現原來就是上次看到的樓中樓和邊間房子。

「這就是我上次看上的房子，只是之前告訴我已經被斡旋，怎麼還會出現？」

女仲介立即打電話過去花園廣場的店詢問得知，原來前面有兩組斡旋的客人，第一組是因自備款兩周內湊不齊，無法簽約，所以放棄了。第二組則是因銀行核貸金額與期待有所落差，還在努力與銀行端協商，也還沒成交；另外還有一位有出價沒收斡旋金，但價格與屋主期待的價位有落差，可能也凶多吉少。

「第三組應該就是我，你可不可以幫忙再問一下屋主大概多少會賣，我看我能不能湊的出來。」

「好的，我再打個電話過去了解後，再跟您報告。」

「您好，我這邊有一位買家之前有去看過那間房子，她就是有出價沒給斡旋金的那位，她想了解是不是還有機會？」

「……，是喔，好的了解，我會轉達的，謝謝您的資訊，若有後續，會再跟您聯繫。」

「姊姊，幫你問過了，那間店長說，您眞的有興趣的話，找個時間過去店裡跟他詳談，應該會有滿意答覆。我只知道屋主是眞的很想賣，只是看到前面兩個快成交又沒了的狀況，對於後面有興趣的客人，或多或少會有點擔心，是不是玩假的，至於價格，前面這幾組的狀況，也應該沒那麼硬了，妳有可以議價的空間，方便告訴我妳之前出價多少嗎？」

「喔喔，眞的是差距有點大，我只能建議你，再往上加一些，若要成交我認爲樓中樓機會比較大，會買這種類型的畢竟是特定客群，而且邊間那間，屋主沒有打算降價出售。」

「好的，我了解，可否請你幫我約明天下午，我過去談。」約好後，謝過女仲介就先離去了。這時雨也停了，天空出現了彩虹，就猶如阿梅的房子也出現曙光了。

結果，當天阿梅整晚沒睡好，一直在想要開多少價格才能買得到？

隔天，星期天一早，因昨晚阿梅失眠，一直到天快亮才入睡，等到醒來，發現已經是九點了，阿梅就急呼呼地先出門，以免誤了該做的事情，而且剛好今天也是要去廟裡的日子，在參拜過程中，阿梅突然靈機一動，想是不是該請神明給予指示，關於今天去談的這間房子，是否可以順利買到，想一想後就離該媽祖廟了，往下一個目的地前進，等到了地藏庵時，下定決心死馬當活馬醫，還是要問一下，就算沒答案，也認了。於是廟中各殿祭拜完成後，阿梅走到主殿去請示，關於這間房子自己是否可以買到，於是擲筊下去——笑筊，想說換個問法，於是阿梅重新報上自己基本資料與該房子狀況。

「菩薩，這間房子，應該沒有問題吧，若沒有問題請給我聖筊！」，於是擲筊下去，叩叩叩三聖筊，阿梅鬆了一口氣。

「這房子適合我嗎，若合適，請給我三聖筊。」於是擲筊下去，叩叩叩三聖筊，看來阿梅買這間是合適的。只是價格的問題這就很難處理了，阿梅不知道屋主底價，怎知要出多少價，於是阿梅開了一個金額問菩薩可否買得到，結果笑筊，看來菩薩也是覺得要加價才可能有機會，阿梅又開了一個金額，也是笑筊，看來因爲價格的問題，我可能會買不到，怎麼辦！這時阿梅有心慌沒方向念兜著：

「菩薩啊，我就是眞的很喜歡這間房子，可是我只能支付就這麼多錢，超過了我也負擔不起，您總不會希望我，買完房子就宣告破產跑路吧！既然菩薩您也覺得這房子適合我，我只能請菩薩幫幫我，好不好啊，這樣，菩薩你喜不喜歡這間房子，若喜歡給我三聖筊。」於是擲筊下去，叩叩叩三聖筊，既然知道菩薩喜歡，阿梅就在跟菩薩說：

「既然你喜歡，我也很喜歡，那我買下來邀請您一起來住好不好，把這個您喜歡的地方也當作你家好嗎，這是我許下的承諾，也是我能提供報答的方式，祈願你可以助我一臂之力。」於是擲筊下去，叩叩叩三聖筊，阿梅就很高興地離開廟往房仲門市前進。

到了約定的時間，阿梅來到房仲店門口，發現原本那兩位男仲介，已經在門口等候了。進到店內後，大家先寒暄一番，然後一個男的從後面走出來，看起來像他們的主管，遞上名片後，原來是這間店的店長，店長先說明爲何遲遲沒有聯絡的原因，以及說明遇到的情況：

「屋主想找一個人能夠把他手上要出清的房產一次買下，只是礙於台灣現行法令第二套需要加重課稅的問題，因爲賣了一陣子找不到這樣買家，所以才同意拆開賣，那時也才能請我去看房。只是後來那兩組客人都因爲付款問題沒解決，而沒有辦法成交，才請您再來一趟，但價格的部分雖屋主有鬆口，可是沒有答應要降價出售，要的話是不可能用您當時開的價格成交。」

「店長，狀況我清楚了，今天我來，就表示我很有誠意，這房子我是可以加一點，只是也沒很多，多了我也沒辦法，畢竟我只能承諾能力所及的範圍，有多少能力就買多大房子。」

「沒錯的，買房還是要考慮後續裝修、房貸、生活開支維持等支付的問題，所以務實一點是沒錯的，只是不曉得您每月預計還貸的費用，我們用這個算一下你可以支撐的貸款總價，再來談細節，如果你有公務人員願做保人條件會更好。」於是阿梅告訴店長自身的還款能力和其他貸款上的疑惑與資格。這樣算下來結果，再加上原先的自備款，跟當時預估的能購買的房價能力差不多。

「店長，關於那間房子我願意加到這個金額，這是我最大的上限，超過了我眞的也無力負擔，而且我相信這間房子的新主人一定是我，我有信心，就痲煩你了。」

「還是有一段距離，既然您這麼有誠意，我是可以去試試看，若方便今天你準備一下斡旋金，不用多新台幣十萬元現金就夠了，屋主長住美國，要晚上才能聯繫，在我們下班前交付就可以，我好向屋主爭取，也證明你的誠意。」

於是阿梅就趕快離開去準備現金，只是突然想到，這房子好像只有自己看過，家人都沒有看過，不管了，要相信自己判斷，等有眉目再說。

到了黃昏左右，手機出現了一個陌生的來電，電話接起來傳來一陣熟悉的聲音，原來是店長。

「阿梅小姐您好，剛剛屋主有來電，我有跟他說明您的狀況，他有興趣想跟你談一下，不曉得今晚方便嗎？」

「屋主不是在美國怎見面談？」

「是這樣的，我們可以透過我們總公司的視訊設備，那裏可以錄影錄音，總公司也會準備資料和相關人一起與會，有任何問題，都可以在當場獲得解答，看您今晚九點帶著斡旋金和身分證及印章，到我們總公司如何？」

在覺得也沒有不妥之下，阿梅就答應準時赴約。約莫八點五十分阿梅到指定地點附近，觀察了一下，那棟大樓，熙熙攘攘，看起來是有營業，應該沒有問題，這時趕快去準備現金，準備好後，就走進去，大廳還有特別指示房仲客人請到九樓報到，到達指定樓層後，裡面燈光明亮，看起來跟平日正常上班時間沒有兩樣，原來假日晚上談案子有這麼多人，阿梅先到櫃台報到後，櫃台打電話通知裡面的人說阿梅到了，這時兩位男仲介出現了，帶著阿梅去會議室準備開會。進到會議室，店長和另外兩位同仁已經在裡面等。

「阿梅小姐，歡迎你來，不曉得東西是否有準備好，要麻煩您，把十萬元現金先放在鏡頭正中央，讓屋主看得到你的誠意，我有跟屋主講你出價的金額，他是嫌低，既然他有意願跟你談，是個好機會，價格部分，到時候你就直接告訴屋主你能接受的價格，如果屋主最終沒答應，這十萬元，你當場拿回去，若屋主答應了，這十萬元就當作訂金，期待今晚能有好結果，祝你好運。」

這時，視訊設備也調整好，屋主也在線上了，就開始雙方會議。

會議開始，由店長向買賣雙方相互介紹，並再次介紹物件的目前狀況，然後由屋主接著述說賣房子的緣由。原來屋主是個女生，單身約莫快六十了，從年輕就在美國念書和工作，聽起來大多數的投資在城內和美國紐約的房地產，前兩年就退休了，所以就城內和紐約兩地輪流住，由於這間樓中樓是他的起家厝，他購買的前手屋主也是當作起家厝，後來也移民了，所以希望也能找到一個有留美背景的買主，應該就可以降低像前兩次的狀況機率。

「我以前長期在國外工作，也待過美國念書和工作一陣子，紐約已經好久沒去了，法拉盛也不知道是否還一樣，……」

阿梅試圖建立與屋主共通點和好感。過了五分鐘後，店長就趁機把話題切到今天的重點——房屋交易。

「陳小姐，既然雙方都有相同背景，相信這場交易應該就會更順利，桌上是阿梅小姐準備的斡旋金，很有誠意的想來達成這交易，不曉得您的想法如何，還是有沒有問題想要了解的部分？」

「既然這樣，店長，我看阿梅小姐也很有誠意，您稍早說的價格，雖然與我期望的價格是眞的有差距，但我覺得能夠認識到阿梅小姐也是一種緣分，有時候好買主更勝於價格，我只希望這個買主能夠也把這房子當作起家厝的心態好好守護而已，與阿梅小姐聊天的過程中，發現阿梅小姐也算是可以符合期待的買主類型，那就這樣，我同意用阿梅小姐開的價格賣給她，只是因爲我暫時還沒有要回台灣，若沒問題的話，我這月底會回到城內，到時候把過戶手續辦一辦，應該就沒問題了，您覺得如何？」

阿梅當下覺得很意外，也很高興，就答應了，店長連忙請代書準備簽約事宜，並將桌上十萬元當作簽約金，趕快交付給履保單位，就這樣阿梅終於買到專屬於自己的第一間房子。等待代書準備相關文件這段期間，店長和兩位男房仲看起來有問題想問阿梅，但卻不知如何開口，互相在旁推說誰要問，後來其中一位眞的忍不住來問：

「阿梅姐，恭喜你買到滿意的房子了，只是你下午怎麼會這麼有信心可以買到這房子？」

「早上我有去廟裡拜拜，神明有答應我會讓我買到它的，所以我就認爲它的新主人一定是我。」這時，店長和另外一位男房仲三個一口同聲：

「你拜誰？這麼靈，介紹一下！」

「我拜城外新區的地藏庵。」

「其實我們也有去拜，只是我們拜隔壁的土地公，不曉得是您的靈，還是我的靈」

「反正最終能成交，表示都很靈，對了，我是有聽說過那間廟很靈，只是離城區和您目前住的地方都算有一段距離，看來您與該廟的主神緣分很深……」

代書進來後，就開始正式簽約過程。這分合約，是阿梅人生這輩子第一次獨自決定購買最大金額的東西了，過程中也還沒來得及跟家人仔細討論，總覺得不太踏實，電視上的老師和專家都說，買屋是人生重大的決定，如今就這樣決定了，會不會太隨便？帶著興奮和忐忑的心簽下了這分合約完成了購房初步。

隔天一早，就將這消息告訴阿姊，她一聽到簡直不敢置信，覺得太衝動了，怎麼都沒先跟她討論，於是阿梅就依照阿姊要求，打電話給男房仲，告知家人想去看昨天簽約的那間房，看這兩天是否可以。年輕仲介知道後就安排當天下午再去看房。到了約定時間，阿梅帶著阿姊一起來到自己未來的家去參觀，沒想到阿姊也很滿意，覺得這間房子真的還不錯，就順便問了一下成交價，再也沒有多說甚麼了。

在辦房貸過程，阿梅與三家銀行商談後，最終還是選擇房仲推薦銀行，可以不用提供保人，也能拿到當時市場最低房貸利率與期待的放款金額，與銀行完成簽約及相關手續後兩周內，阿梅就成爲這間房子的新主人。

買中古屋的缺點就是要整修，沒辦法僅要帶著一卡皮箱就能入住；雖然原屋主陳小姐將屋況維持很還不錯，但畢竟每個人的生活習慣不太一樣，而且買房是個高金額的交易，這房子是要成爲自己未來安身立命的地方，所以一切都需要好好的規劃，而且簽約後，阿梅還請年輕仲介幫忙確認一下陳小姐前手屋主狀況，經過查證後，她的前手是一位建築師，把這裡當作自己工作室和住家，是這社區起建的建築師，所以這間可以算是地主保留戶了，看來這房子眞的也是他的起家厝。連續兩任屋主都把這當成起家厝，而且也都攢到了財富，這房子應該是算財旺，但房子除了財旺也要人丁興旺，人丁單薄也不是好事，畢竟陳小姐一直都單身……，所以還是有必要找個風水師趁要裝修前給些建議，讓這間房的屋主眞的能財旺人丁也興旺。

「堪輿」其實是一門很專業的學問，有分很多學派和類型，雖然以前也是會看電視上介紹陽宅風水，可是每個老師說的都不一樣，實在也不知道怎麼選擇……，如今，房子已經如願買入了，接下來就是要兌現承諾，因此先去廟裡向阿伯答謝。

完成交屋後的第一個例假日，阿梅就親手準備答謝阿伯的供品，和完成之前承諾的事情了。在祭拜完成後，阿梅就向菩薩請示，期盼菩薩能夠再給個指引，畢竟請菩薩來住一事件很愼重的事情，所以謹小愼微是應該的。於是阿梅就直接請問菩薩有關於裝潢的事情，期盼提供一個符合菩薩喜歡的樣子，所以問當事人就最準了。阿梅請示了菩薩，推薦合適的風水師來進行房屋規劃，於是阿梅當下拿出手機打了關鍵字搜尋，出現了一串，也不知道哪位是菩薩滿意的老師，靈光一閃，風水師是人，人就有性別，透過性別和姓氏下去找應該比較容易找得到，既然這樣想，我也直接開始請示：

「菩薩，我眞的很感謝您的協助讓我買下這間房子，爲了要答謝您，我請您來我家作客，爲了讓你可以把我家當作你家，舒服居住著，所以我要先將房子整修，好讓您住起來舒適和滿意，只是我不清楚您喜歡的風格和需求，所以我想找個陽宅風水師來規劃，可否請您給我一些指示，請問您要找的是女設計師還是男設計師，若是女性請給我三聖筊。」於是擲筊下去，叩叩叩三聖筊，是女性；可是記得電視上好像都是男的老師比較多，沒有女生吧！阿梅就在手機上打了「陽宅風水女老師」來搜尋，出來了一個很久以前有在風水節目上聽過的名字，自言自語的說，對喔，她是女的，然後就直接用這個老師名字繼續問：

「我請這位老師來合適嗎，若合適給我三聖筊。」，於是擲筊下去，叩叩叩三聖筊，這下老師有了，卻有點想反悔，擔心老師開價太貴，只好繼續硬著頭皮問

「我可不可以請認識的師傅來施工，風水師來規劃就好，這樣我才有能力可以負擔的起，如果您同意就一樣給我聖筊？」於是擲筊下去，叩叩叩幸好是三聖筊，不然裝潢

太貴，可沒那麼多錢支應了，畢竟買了房子，手頭沒法那麼寬裕了，一切都要回歸物超所值！

既然老師找到了，阿梅回到家，趕快上網留言，希望風水師看到能夠盡快聯繫上，到了晚上，終於與風水師取得聯繫，並說明需要服務內容，與目前房子的狀況，並請她報價，當下風水師給了一個價格，阿梅覺得眞的好貴喔！網路上不是都說有公定價，這個價格超出很多，阿梅就跟風水師提：

「有沒有折扣阿，我是一定會找你來做的！」

「我是不二價的，而且我只收一次費用，您可以去問，我是不太推銷風水用品，只要我服務過的客戶，以後都可以透過線上諮詢所有相關的問題，我都親自服務，不假手他人，除非我要再去你家服務，不然後續任何諮詢服務都不用收費了，或是我可介紹我的學生幫你做，價格少一半以上你覺得如何。」阿，踢到鐵板了！風水師是菩薩指定的，又不能換，價格是眞的高了點。

「既然是這樣，那就沒問題，看老師何時有空來現場一趟。」稍後阿梅提供給風水師相關所需要的資料，並且約定到場勘查的時間；搞定風水師的事情後，再來就要開始準備找裝潢師傅和家具選購。

到了與風水師相約的時間，看起來風水師和她的助理已經在樓下等候多時了。

「老師您好，我是阿梅，沒想到您提早來了，有沒有等很久？」

「早來是應該的，我要先了解這間房子外圍附近的狀況，這樣進屋時都看完，才能給一個比較好的建議，也比較不耽誤您的時間。」這時才知道，人家收貴一點是有道理的，可是這樣沒有物超所值的感覺，只是覺得她很尊重屋主的請託，把這個房子的規劃交給她，應該是可以很安心的，而且從大門到房門前，阿梅留意到風水師，在每一個動線，都有特別用羅盤確認方位，是一位很細心的風水師，難怪阿伯要找女老師。進到屋內，由於還沒裝潢，前屋主的能搬離的家具也都清空了，阿梅就跟風水師介紹自己的想法。

「這間是樓中樓格局，預計要準備一個神桌，未來要供佛的，原則上會希望以變動最小的方式下去裝修，樓上前屋主當臥室使用，您先參觀，若有任何建議不用客氣。」風水師仔細看了屋內每一個地方以及屋外環境，並且對照著手上羅盤，然後念念有詞，聽起來是向助手報方位的樣子。

「阿梅小姐，你的前手屋主應該是個在國外發財的女老闆，這間房，她不是第一手，而且她應該主力投資房地產吧。」阿梅當下聽完，只覺得這風水師怎這麼厲害，我沒講她都知道，看來眞的有眞本事。

「她應該是滿喜歡這房子，以這間房子的狀況，能是買下這房子的人只會是單身女主管，這輩子應該都會單身，難有好姻緣。」阿梅聽完後只覺得，陳小姐是眞的是都沒有得到好姻緣，即便曾經有機會最後也無疾而終……可是，我沒有要孤單一輩子，這樣是不行的。約莫三十秒後，風水師又說：

「幸好，你有打算供神明，這個應該是可以改變的，而且除此之外，還會有其他的收穫，只是您想供奉哪位神尊？」聽到這裡，終於可以稍爲安心點，看來只要把神尊處理好應該有很多事情都可以迎刃而解。

「我將安奉地藏王菩薩，還請老師多多協助，希望菩薩能住得舒適。」

「地藏王菩薩！很特別，一般人都在家恭奉觀世音或佛祖，地藏王菩薩，您是我第一個遇到的客人，看來您與祂很有緣才是。」

「沒錯，能順利買下這間房和找到您，都是靠著菩薩指點，您也是菩薩屬意的人，所以就請您多多幫忙了。」

「菩薩指定我，嗯……還滿特別的，阿梅小姐，房子狀況我已經參觀過了，這房子有些地方要改，畢竟有恭奉神明，所以要先確定神明位置，我建議放這裡，可以看到窗外有遠景，前有遠山，旁有水流環抱，剛好呈現一個有利於你的格局，再來這裡要逐一道實牆，這座牆不可以用空心磚，也不能做儲物櫃，只能選用紅磚或實木牆都可以；書房這裡要改，書桌放這樣或這樣都行剛好兩邊都有遠景，後面有靠；大門進來這裡也要加裝屏風或櫃子，高度要夠高，至少兩米以上；這裡將來就是客廳，電視放這，人坐這邊，後面這面牆，可以掛畫，但不能放有人和動物，以免背後有小人的問題；樓上部分，當主臥室沒問題，但床頭要朝這邊，床頭不要放花，這邊可以放粉晶，幫你增加桃花，這間房子的財位有兩個地方，一個在這裡，另一個在正下方，所以，上面可放聚寶盆或保險櫃，下面剛好是廚房，廚房本來就是女主人地盤，這裡放爐具對你更好，記得一定要開伙，這樣才會更旺；然後，窗外有些不好的煞，這邊你可以選擇麒麟踩八卦，財源滾滾或紫水晶洞讓這裡氣場比較好，這樣這間房子就會感覺很溫暖；還有，外面這片陽台的東西全部要清掉，神明住的地方不可以這樣放，你若喜歡造景的東西，可以選大理石或植草磚來鋪面，至於花草部分只要不要讓植物超過這個高度，切記不要種植具有攀藤、氣鬚的植物，其他都可以，若不做造景就記得維持乾淨也可以；再來，大門這裡有樓梯，這裡要放咬劍獅或八卦鏡來化解，其他的都還好，不曉得阿梅小姐還有沒有問題？」

「老師，請問家具顏色有沒有限制？」

「前屋主用的顏色，也很適合你，只要客廳不要用全黑的或全白的感覺太冰冷，臥房不要用粉紅色就可以了。」

「老師，神明桌，這邊還有沒有甚麼要留意的，或是有沒有可以留財的好方法，我一直以來都是財進財出，身邊留不住錢財，我想看可不可以改善？」

「阿梅小姐，風水不是萬能的，一命二運三風水四積陰德五讀書，有些是天註定，風水或許可以加分，但不是萬能的，這部分由你的八字看來是有這樣狀況，買下這間房已經幫你保住一部分資產不流失了，其餘的還是要靠你自己努力，可以透過學習理財方式去改變，人的一生都有好運壞運，壞運是沒法避免的，只能靠讀書讓你有足夠智慧，提前防範把傷害降到最低了。」阿梅覺得風水師怎麼在說些老生常談，而不是像電視上那些說什麼法器可以怎樣，看來也就只能這樣了。

「老師，這間房我還沒入厝和開工，這個需要請老師幫忙挑個時間和需要哪些準備？」

「剛剛說要注意和改善的地方，以及入厝、開工等儀式的東西，晚點助理會直接整理給您，至於時間，我要算一下，一併寫給您；您沒有要算菩薩安神入厝的時間嗎？」

「這個部分，我決定直接尊重當事人的意願，看菩薩覺得何時、怎麼弄比較好再辦，畢竟神像我也還沒開始找。」

「這樣不錯，對了，有件事要記得，完成過戶後，還沒正式入住期間千萬不要邀請單身男子來這裡，若是工人，也不要讓單身男子單獨留在這裡，以免招到爛桃花，還有剛才提到的風水擺飾，若有確定我也可以提供，您考慮考慮，若需要介紹裝潢師傅也可以。」

「老師，好的，我會考慮的，若有需要會再跟老師聯繫，請老師幫忙、指點。」

約莫過了三分鐘左右，風水師的助理將稍早老師說的內容，整理好並提供給阿梅，阿梅也將事先說好謝金交給助理，完成人生第一次專業居家風水診斷。心想，幸好老師有帶助理幫忙做紀錄，一下子講這麼多細節，誰會背得起來，除非有先掛錄影機，不然一定會漏東漏西或張冠李戴，反而浪費，看來這風水師也是經驗豐富，知道客人不可能樣樣準備完善，請個小助理幫忙做紀錄，這樣反而能夠提供更好服務，所以人家開這個價格，比市場行情高是有原因的，也是要這樣服務菩薩才能放心。再來就是要裝修了！阿梅就遵照風水師的建議規劃，請裝修師傅進行裝修工程，這次裝修時程，就依照風水老師給的時間辦理開工儀式，裝修期間一路順遂，直到要入厝前又發生了一些事情……。

房子終於裝修完成了，接下來就是要辦理入厝了！風水師總共給了二個時間辦入厝，配合預定完工時間，我選了第一個十二月二十三號辦入厝。到了要辦入厝前二天，十二月二十二號凌晨，阿梅半夜醒來，忽然爬起來想要上廁所，結果沒走兩步路就昏倒，一直到隔天清晨五點在一攤水中醒來，就在半夢半醒之間，阿梅趕緊先換去身上衣物和洗個熱水澡後，再儘快把家中清理乾淨，只覺整個人覺得好累趕快回到床上躺好繼續睡到中午才被電話聲吵醒。阿梅接起電話後，原來是阿姊打來，劈頭就念說：

「都幾點了，還在睡阿，不是說要約吃飯？」

「喔，我人不舒服不去了，你們自己解決吧！」

「妳喔，又生病了吧，早跟妳說過，先搬回來住，逞強嘛！現在知道痛苦了吧；房子都買了，妳啊，年紀不小了，找個男人照顧妳，不然哪天出事也沒人知道，有沒有聽到啊……，」電話那端，阿姊繼續撈撈叨叨著……

「我知道了，就這樣，掛了！」

關於結婚這件事，阿梅從老爸還在世一直唸到現在，已經被唸十多年，煩都煩死了，可是結婚又不是我一個人說得算，也要有對象，身邊連個影子都沒，怎麼結啊，又不是要就會有人從天上掉下來。只是今天身體都這樣，還有些東西要準備，明天也沒辦法辦入厝了，就改時間吧。只是這樣狀況，阿梅實在很害怕是不是眞的身體有問題，起床之後就直接去醫院先掛急診，確定一下是不是身體哪裡有問題。經檢查後，幸好身體無恙，虛驚一場，可能眞的是之前弄房子事情，都沒有好好放鬆，需要好好休息而已，入厝就再找合適的時間來辦就好，反正房子也不會跑掉的。就這樣，將入厝時間修正到午後再辦，只是時間拖到了，之後要找到菩薩同意安座的時間了就很難了，看來成還是要分階段完成，也只好自己先住，等合適的時機再請菩薩住了。

有請阿伯——借力使力

阿梅搬進自己買下的窩，晉升到城內人，又回到看似熟悉卻陌生的城市中，開始每天忙碌和被貸款追著跑的生活，這時才發現，原來養房子是眞的滿辛苦的，而且購房頭期款、裝潢費、家具費等把阿梅原先多年辛苦攢下來的積蓄，花到所剩無幾，存款簿金額一下少了好幾個零，實在是很沒有安全感，所以只好每天認眞努力的工作，至少先想辦法，脫離月光族，只是薪水是固定的，除非要兼差才能增加收入，不然實在很難，但是平日工作就已經忙到很晚，哪有時間再來兼差，看樣子只能減少花費了。這樣就傷腦筋，也不知道哪天是否可以中個大樂透來解決這樣問題，不然這個「殼」眞的也是沉重的負擔。

日子一天天的過了，也過了四個月之久，不曉得菩薩決定好日子了沒，把菩薩請進來，一直是心頭懸而未解的事情，只是之前每個月去請示，都沒給答案，實在是不曉得菩薩還在等甚麼？這時候只會想說，菩薩若能像我們一般人一樣開口講話，這就方便多了，不然有時候眞的也摸不著頭緒很難猜的到。

今天剛好是辦理讀書分享會的日子，每年這個時間前後，阿梅都會舉辦面對面讀書分享會，與宗教研究有興趣的同好一起分享討論；今年配合阿梅入厝，年初就決定在阿梅家附近的咖啡廳舉辦。每次辦這種分享會的與會人員並不多，主要是出席人員都需要付費，網路社團內加入者，都是採匿名加入和免費解答，對於這種會知道你是誰、又要付費的分享討論活動，多採敬謝不敏，因此，會來的人，就是眞的有問題或有興趣的人才會出席。其實這樣也好，才能針對每一個案細細討論；今年討論的問題還是以對於正確信仰觀念爲主基本會出席的人共有六位，有兩位是每次都會出席的網友了，另外四位算是新朋友，以前都沒見過面，頂多只有在網路上交流過的人。到了約定時間，阿梅在門口就遇到兩位網友，互相簡單問候就進入咖啡廳，今天下午咖啡廳的人並沒有很多，所以若有問題需要討論和解答就很合適，過了兩分鐘，阿梅的手機陸續地發出聲響，原來是另外四個人也到了，正在尋跡探訪，阿梅馬上回覆他們都在二樓最靠窗邊那一區，沒多久他們都陸陸續續地出現。

經過簡單寒暄之後，其中有一位小姐提問：

「阿梅老師您好，稍早我有一位朋友也想來參加這活動，有問題想要請教您，可是他沒報名可以來嗎？」

「歡迎，只是他大概甚麼時候會到，通常像這活動大約兩個小時左右，就看他方便了，若趕不及，也可以網路社團中提問。」

「我聯絡一下，看他趕不趕得及。」

半小時候，有一位先生也加入這次的聚會之中。這位先生自稱卡爾，主要想來問有關於祖先的問題，因爲他曾經有一位朋友與朋友的友人，那位友人也是號稱會通，而且又在他居住的鄰里間小有名氣，有一次跟他說，他們家的公媽龕有些問題，只是不曉得要如何分辨人家說的是眞還是假，以及所需要處理的問題，於是我們就針對他的問題各自提出看法，經討論與歸納後大家的建議與想法後，提供建議的處理方式。

「卡爾先生您好，關於您的問題，原則上要先分辨問題的眞僞，只是祖先，我們一般人是肉眼看不到的，依照我個人經驗，只有神明才能分辨眞僞，所以第一步直接去請教神明看看是否眞的有問題，若有問題才要處理，沒問題但總覺得運勢卡卡，應該就要去檢視自身其他方面的問題，通常人的問題比祖先的問題還要難解決。若確定眞的有問題就要趕快處理，因爲已經被發現了，所以短期有可能對您家族和個人的運勢，都會有很劇烈變動產生，這也是正常的，因爲祂們等太久了，終於可以輪到被處理，一旦確定就必須處理。只是有時候就算有問題，神明也不一定會告訴你，因爲你不是那個對的人，所以重點是問的人就是要能處理的人，通常這個人，都是該家族目前當家做主的人，若是像您家尚有祖父母和父母在管事，就要看您在家族的分量，不然問了也是白問。再來，確定有問題也要處理，記得一個重點，要找專業的人處理，不曉得誰可以，就問神明吧，請祂指引，我之前處理也是這樣找到對的師父來處理，其餘的就先不急了。」

「既然這樣，若我想要先知道家中公媽龕是否問題，但不觸及處理的部分，這樣有辦法嗎？」

「有的，卡爾先生，我建議您可以用這種方式去詢問，至少可以先判斷對方說的是眞還是假，而且可以避免觸及到一些神明現階段沒法回應你的問題。」

「了解，只是我要問哪位神尊，還有若後續有問題，可否繼續請教您，我覺得您說得滿合理的。」

「神尊就找你熟悉、有常去拜、或你覺得合適的都可以，至於後續問題，您可以上我們的臉書社群留言就可以，我就會回覆，希望今天的活動與建議能幫到您的忙。」

時間過得也很快，馬上就兩個小時到了，我們就互相道別結束今天的聚會。

只是沒想到這個聚會開啓阿梅另一個人生。

聚會後一周的周日，又是阿梅定期去廟裡參拜與請安的日子，早上先去媽祖廟，下午再去地藏庵。下午地藏庵參拜的時候突然下大雨，阿梅沒帶傘，只好等雨變小點，推遲離開的時間，本以爲今天可以獲得菩薩同意安座的時間，結果還是沒有，看來只能繼續等。在等雨勢變小的過程，阿梅在廟內找個地方坐著等，突然好像聽到有一個人在叫自己，只是很不確定，畢竟認識的朋友沒人會這樣叫自己的，於是阿梅抬頭望了一下，原來是日前參加聚會的卡爾先生，互望一下後。

「沒想到今天會在這遇到您，也是來參拜還是來辦事的？」

「自從上次聽您的建議，我就認眞地思考了一下，覺得不論是否會白問，至少像您所說的，總是要先確定是眞是假，不然放著我心裡也是怪怪的，來這裡主要是同事介紹之前處理過運勢，覺得還不錯，而且您說要去常去的廟，我其實也沒有常去的，最多就是我山上師父那邊了，可是太遠了，需要跑一趟南部，所以我想要就近找個地方先確認，想了想離我距離比較近，而且最近來有參拜過的廟好像就這裡，所以來這裡請示一下。」

「不曉得是否有得到答案嗎？」

「不曉得是不是問錯還是怎樣，都沒有聖筊！不曉得可不可以請您再指導我一下？」

看雨勢尙未間歇，且時間尙早。

「可以，我盡力而爲。」

於是阿梅就一步步協助卡爾先生向神明請示，請示的過程發現。

「卡爾先生，你家的公媽龕是眞的有問題，要好好處理。」

「卡爾先生，看來菩薩是要你回去找那位朋友了，就是之前告訴你，你家公媽龕有問題的那個人，其餘的現在再怎麼問，也問不出來，看來找他才能釐清整個狀況，所以就等您先去找那位朋友幫您釐清狀況，才有可能將問題弄清楚，也才可能有圓滿的結果，看來您這個案子，已經被神明指定處理的人，所以現階段我能幫的就到這了，還是一樣，若確定了一定要處理喔，不然影響更劇烈！」

幫卡爾先生問完事情，雨也停了，這時卡爾先生拿出一本書，阿梅發現是自己的著作，幫他簽名。

「我覺得老師很平易近人，不曉得以後是否還可以繼續請教您？」

「沒問題啊，只是我通常都透過網路來解答，畢竟這是用來做公益的，我不是靠此營生，所以有空才能回，有問題就上面問就好，現階段您能做的就是：回去找當時發現者比較妥當。」

「老師，告訴我的人並不是我朋友，而是朋友的朋友，某一次聚會上認識，他是一位濟公和尚的乩身，所以您的意思是我要回去找他，是吧！」

「看來菩薩的意思是這樣的，我相信那位乩身應該可以給您滿意的答覆，加油了。」

阿梅與卡爾互相道別後自行離開。只是阿梅還在傷腦經我的神尊，何時要入我家門，怎麼都沒答案啊！既然問不到答案，也就算了，突然回想起找當時找神尊，也是花了一番功夫，看來每一件事情都不是可以輕易地達成，或許是前面取得太容易達到了吧！

話說阿梅在尋找神尊的過程中，從城內問到城外，從城北到城南都沒找到合適的神尊；原本想說，這是最簡單的事情，在城內有幾條有名的佛具街一定可以買得到，大不了就是訂做一個，畢竟之前在夢中見到菩薩期待的樣式，既然知道樣式，最多花個兩周假日一定能搞定，哪知道就算訂做，現在這個時節有錢也找不到合適的材料或台灣師傅來做，所以要找到合適的神尊也是要靠緣分啊！怎麼沒有一件是輕鬆容易的事情！本來阿梅想說，能讓自己知道外型，就表示一定可以找得到，誰知道眞的找起來跟想像的不一樣，最後阿梅只好回去問菩薩到底喜歡哪一家的工藝和佛具店，結果阿梅詢問後並循跡探訪，眞的在廟外不遠處有一間不起眼的佛具店，眞的就找到了，尺寸和造型都符合需求，價格也符合市場行情，只是這家店，並沒有把這尊神像放置一樓櫥窗，而是放在二樓櫃內一個不起眼的角落，若是沒有神尊指引，實在很難發現這一家有出售這種有帶坐騎的小尊地藏王菩薩。

幫卡爾先生後的幾天，阿梅做了一個神奇的夢，夢中有一個阿伯，阿伯跟阿梅說：

「阿梅您好，我目前還沒有要去你家喔，你要先完成一件任務後，我才會願意去你家，這件事對你不難，只是需要機時，我需要請你先去找「濟公」，你知道怎樣可以找到他，找到後你就知道要辦的事情，事情辦好後，過幾天我就會去你家了，這是我對你的能力考驗，加油了。」

阿梅從夢中醒來，覺得事情頗爲蹊蹺，而且還提了一個陌生的名字「濟公」，重點是阿梅這輩子都沒拜過濟公，怎會有濟公要找自己？還有事情要交代？這應該是搞錯了吧！哪知道要去哪裡找，就再等看看，若眞的有事情要交代，依照經驗，通常線索自己會出現的，不用自己特別去找，與其像無頭蒼蠅的亂找，何不等待線索出現就好，因此阿梅就以不變應萬變，等待線索出現的時機。

兩周後，收到一封卡爾先生的網路留言，原來是他回去跟父母談及有關於公媽龕的問題，只是父母希望能夠去問家中長期請示的師父，聽聽看師父的意思，想說這與當天問的結果不同，是否應該聽從父母的建議，還是直接依照神尊的指示？面對這種長輩想法與請示結果不同的狀況，多聽是沒有問題的，而且家和萬事興，只是要小心花錢的部分。所以阿梅向卡爾先生的建議是：

「順從父母再去聽別人的建議也是不錯的，而且老人家說法也不無道理，若是眞的神明已經指定了，我想換哪一位師父指導你，結果應該都一樣，我認爲是可以參酌的，但任何事情都要保持一個原則，就是合情合理，特別是處理無形或祖先的事，一切要謹愼評估，切忌，不論問回來是甚麼，都不要當下立即答應，以免沒弄好出事。」

又過了兩周，又是阿梅去廟裡拜拜的時間了，今天阿梅安排先去地藏庵，再去拜媽祖，因爲剛好在媽祖廟上班的朋友，下午才有空，想說最近這半年去拜拜時候，都沒有碰到他，不曉得近況如何，回想起，雙方也認識了超過二十年了，若不是幾年前去拜拜時候，遇到一個熟悉身影，輕喚一個名字，大家重新連絡起來，不然快十多年沒聯絡，大家眞的各奔東西，雖都在海外工作，但區域和國度不同，因有媽祖牽線的機緣，讓我們能再久別重逢，實屬難得的緣分，所以只要時間許可，通常都會選他上班時間過去，當作朋友相聚，雖然相聚時間都很短暫，能夠持續保有這分情誼，才是最大的心意。

地藏庵參拜完正要離開的時候，阿梅聽到有人喊自己的名字，回頭一看原來是卡爾先生，想說眞是有緣，兩次都在這裡相遇；於是與卡爾先生閒話家常，互道寒暄後，卡爾先生一副有苦難言的樣子，看似鼓足勇氣娓娓道來：

「老師，您上次跟我說要聽父母的話，我有照做，可是我那位師父，卻沒給任何建議和意見，使得我父母也就不表示意見，就這樣卡在這裡，所以我剛剛有去擲筊問菩薩的意思，結果連一個聖筊都沒有，我現在不知如何是好？」

「既然這樣啊，你要不要試著先去跟你的父母討個說法，還是老人家們有甚麼特殊考量，這部分先搞清楚比較重要，畢竟處理這種事情不能急，而且家中有長輩，還是要長輩同意才能知道怎樣處理，不然到時候沒弄好反而傷了家人，得不償失。」

「聽您這樣說，家父母應該是考量到去年底我爺爺才過世，還沒對年的問題吧！所以很多事情都不能辦，特別是祖先牌位的部分，依照習俗要等到對年才能處理是吧？」

「原來是這樣啊，那就只能等，但是在等待的期間有些事情還是可以先處理，例如先去了解祖先牌位裡面資料，和先去戶政機關調閱家族除戶資料，確認兩邊資料是否一致，若有不同的部分也可以先了解，是否登錄錯誤還是怎麼回事，等到對年時候，若有要處理，就可以一併處理，比較省時和省錢，不然弄兩次，就要收兩次費用，所以這段時間你就先去了解祖先牌位內名單、你家神位、祖先牌位等狀況，不清楚可以拍照上網求解。」卡爾先生就拿出手機。

「老師，我家的佛堂安排是這樣的，您看一下有沒有問題，我總覺得哪裡怪怪的，但又說不上來，這個是我爺爺在世，距今約四十年前弄的，還請老師指教。」

「是有發現問題，這應該就是這個吧！你看你們家有三尊神，但大小不一樣，而且右邊那尊特別小，再來，祖先牌位與神明相對位置也很奇怪，我第一次看到有人家祖先牌位比神明大的，你要不要試著將這兩個問題，直接問菩薩，看看是不是這兩個問題。」

「之前跟您提過，有個濟公和尚的乩身，說我家公媽龕有問題，他是有提到祖先牌位過大的問題。」

「既然如此，你就將這兩個問題去問，順便請菩薩指示，是不是要請濟公和尚幫忙將整個神明廳調整一下，或許會有答案喔。」於是卡爾先生默念了一段之後擲筊下去，叩叩叩三聖筊，感覺如釋重負。

「老師，眞的如你所說。」

「既然如此，知道要找誰幫你處理，和處理甚麼事情，那就簡單了，其餘的你要回去好好跟父母說，我覺得你可以找個大家祭祖的時候來說，比方說即將到來的中元節就是不錯的時機，至於要怎麼說，我建議就用你當場看到的來說，也不會很突兀，祝你順利。」

這時，阿梅突然想到了之前夢境有提到「濟公」，不曉得是不是跟這個濟公和尚有關係，於是乎阿梅也來問一下，沒想到結果是的，就是這個濟公和尚；只是阿梅跟卡爾先生也沒有很熟，若是貿然開口，說不一定人家會以爲我另有所圖，不可不可，這種只能等，否則好事也會變壞事，但也不能知道了不處理，不然後面日子也不會太好過的……。

阿梅用好奇的口吻問了一下，卡爾先生關於他口中的濟公和尚，原來介紹認識濟公乩身的那位朋友，剛好也是在宮廟服務，之前跟他說有位濟公師父是真的來普濟眾生，沒法辨的也會直接跟信徒拒絕，是可以問問看……，聽起來還滿正派的，難怪菩薩會覺得這個事情，可以由祂來處理這件事情。只是聽起來還是跟阿梅自己沒有直接的關聯性，依舊是丈二金剛模不著頭緒，也只能先這樣了，或許緣分到了自然會相見。

下午繼續到媽祖廟進行參拜，參拜完畢後，剛好是朋友的休息時間，可以稍微閒聊一下。當阿梅與朋友正在閒聊的時候，有一位隨進香團來參拜的香客一起參與聊天；這位香客來自於南部著名的宮廟，跟朋友算是系出同門的師兄弟，今天隨團來參拜是因爲相信夢中所呈現的情景，想來確認一下是否眞有其事，當下聽起來有點莫名其妙，畢竟神明託夢一說，眞假難辨，而且爲了一個夢，竟然有人這麼大老遠跑一趟，這倒是頭一次聽到，相信這位香客應該是很虔誠的信徒，還是有特殊的神力，哈哈……。言談過程中，發現香客今天還有一個重要的目的，促使他務必前來—今天會遇到一個情景，會有一位當地師父、一位女弟子及他，談論目前女弟子正在處理一件棘手的事情，而他將會是這件事情解決的媒介……。聽完這位香客內容，原來他這趟還有可能是要還願的，只是他有點小抱怨：

「今天都快過一半了，我人也來了，怎麼沒有遇到那種狀況，總不會眞的是日有所思夜有所夢吧！」

「大哥，既來之則安之，就算事情可能沒辦成，但是你也趁這機會來與老朋友見面，何不快哉，人生總是有許多意外和驚喜，不是我們所能夠想像的，就當作難得出遊的假期也是不錯的想法。」

「師兄，一切順其自然，放寬心，等待有時候才是最好的解方。」

「看來，目前也只能這樣了！」

「其實我是有個問題，一直沒有辦法解決，想聽聽看你們的建議，不曉得可不可以？」

「提提看！常言道，三個臭皮匠勝過一個諸葛亮。」於是阿梅娓娓道來。

「就是我買房子想有打算請地藏王菩薩在家奉祀，我三不五時去廟裡問，哪時可以請回家，都沒有答案，日前有個要求說要我完成一件事，才能同意入家門，但是沒說要完成甚麼，只說要去找「濟公」，可是我又不知道祂在哪，這要怎麼找阿？」

「這位女士，看來大家眞的有緣，我是有認識一位濟公的乩身，但是不曉得這位濟公是不是你要找的而已，若方便你可以告訴我大概是甚麼事情？」說這時那時快，阿梅的朋友立即接應。

「我這位師兄就是濟公的乩身，家中也是開宮廟的，只是他快退休了，很多事情都交給晚輩去處理，除非是被指定，否則幾乎都已經不辦事了，過著閒雲野鶴的生活，你可以跟他說，看他能不能幫你。」於是阿梅就跟這位香客說有關於卡爾先生家的事情，沒想到這位香客，聽得非常入神也很好奇地望者阿梅。

「沒想到，你也有這種功力，完全看不出來，眞人不露像。」

「大哥，您客氣了，我只是剛好與這位先生有緣分，給了點建議，若能幫到他，也算是功德一件，常言道，救人一命勝造七級浮屠，有能力可以幫助現世的人，讓他人可以避禍，也算是將自己所學回饋社會的一種方式，我認爲，助人不分方法、只有對錯，知道是對的、自己也有能力、也可以幫，何樂而不爲之，大家都是讀聖賢書，能夠有機會實踐，才不枉費這些知識，而我只是盡自己棉薄之力。」

「女士，你客氣了，能力有多大，福就有多大？你這樣也是造福人群，福澤深厚阿，只是你的方式和我們一般認知的做法不一樣，像我們晚輩也有很多人用網路，你們書念得比較多，知道怎樣跟這些網友互動，像我們老囉，所以都交給晚輩們去處理，只是像你這種全都透過網路的我倒是第一次聽說，很特別的，雖然方法不同，但是也都是在助人……，關於你剛才說的，我好像之前有一個信徒也是有這樣的問題，他是透過我徒弟介紹的，我記得他們家的應該是有一個大公媽龕，配上小神明，不曉得是不是跟你說的同一個，我打個電話回去問一下就知道了，等一下喔……。」

「阿弟阿，你幫我查一下，之前是不是有一個信徒……」

「好好，了解，過兩天就回去了，沒有緊急的事情等我回去再說，就這樣了。」

「女士，世界眞奇妙阿，你說的那位濟公，應該就是我宮裡辦事的濟公師父了，看來我的事主找到了，既然大家這麼有緣，哪天你也來我宮裡一趟，趁濟公降駕時，了解一下能否幫忙處理你的事情。」

「好啊，不曉得何時會方便？」

「我們正常都是星期六晚上，若當天有信徒要問，才會開壇，請師父降駕，其他時間是不辦事，只有簡單收驚、祭改，而且現在宮廟內的大小事務，已經不是我在處理了，除非濟公師父事先有交代，不然我都交給我兒子……」

「既然這樣，我看一下我的行事曆……，兩周後的星期六我應該是可以，到時候我過去一趟好了，對了你們附近有沒有住的地方，我想當天應該沒法趕回台北。」

「我們離府城孔廟市區不遠，我可以請阿弟阿接送，這樣比較方便，等你確定住的飯店地址和時間傳給我後，我再來安排。」

「這樣可眞是太好了，我這幾天就安排一下，等我到了府城孔廟再麻煩您了。」

阿梅想說既然要特別去府城孔廟一趟，想說機會難，就安排三天兩夜的假期好了，這樣除了去府城孔廟，還可以去其他地方逛逛，只是路又不熟，所以不能離市區或是飯店太遠而以，因此就安排先去台中再去府城孔廟，事情辦完再回來，這樣剛好，也不會很趕，一個人的旅行，眞的是難得浮生半日閒。

兩周後的星期五，阿梅先到台中去優閒逛街，台中的大眾運輸很方便，所以坐公車就可以到主要市集的地方，逛累了就待在飯店休息，明早還有地方要去，還要趕去府城孔廟的車班。

早上，飯店用完早餐，休息一下，收拾行裝，準備往府城孔廟前進，由於府城離火車站有段距離，而且台南的飯店多集中於市區，幸好日前大哥有交代，台南市區到他的宮廟比較方便，所以阿梅就選擇到台南住個一晚。到了台南市，車站附近找個餐廳先用餐，用完餐後直接驅車前往飯店報到，整理一下行囊後，就打電話給大哥，問他要如何過去比較方便。

「大哥您好，我是阿梅，我已經到台南市了，請問要怎麼去您那邊比較方便？」

「阿梅小姐您好，你到了，阿弟剛好在市區辦事情，你在飯店等他好了，我請他繞過去載你過來就好，你的飯店是哪一間？」

「我住西門飯店，剛好有當地朋友約我去去府城老街逛一下，晚上直接過去你那應該會比較方便，我想跟你們約在府城孔廟宮門口好了，大概幾點比較合適？」

「這樣喔，那就約七點好了，從那過來也就幾分鐘的路程，應該可以，到時候我請阿弟過去接你就好。」

雙方電話掛上後，阿梅那位回到台南接家業、久違的朋友已經出現在大廳，兩人就驅車前往到台南安平老街，路上就聊聊他這麼多年在台南的發展狀況，聽起來很不錯，想當初大家念大學的時，他還很闊氣的說，死都不要回家接這種傳統產業，只想搞金融或資訊；只是多年後，一次同學會中發現他竟然選擇回台南接家業，看來很多事情都不是我們預料中的。這次來順道看看老同學，發現他回家是對的，整個感覺比之前在狀況好很多，更像個實業家，有家族接班人的風範，看來想當初那個年少輕狂的人，經過多年的歷練，如今也找到最合適自己的事業……，今天就讓這個老同學兼實業家當的府城地陪。

府城是一個有深度傳統文化底蘊的地方，在府城這個地方，可以發現台灣百年前府城是個商業發達和人文薈萃的地方，古諺所言：一府二鹿三艋舺！府城因開發較早，而且當地政府對於文化保留也算完整，所以像阿梅這樣的走馬看花的觀光客，還是可以感受到當年的盛況。兩人就這樣逛著逛著，時間也過得很快，這兩人就在府城孔廟附近，先找個地方吃晚餐，由於阿梅晚上還有約，所以也不能太晚，直到約莫快七點時候，阿梅的手機響起，來電者是阿弟，跟阿梅確認地點和時間，七點左右，同學陪阿梅走到孔廟門口，直到看阿梅上車後才離開。

上車後，阿梅與阿弟開始閒聊，原來阿弟和大哥的關係也很特別，說是兒子其實跟他點血緣關係都沒有，兩人的緣分來自於某次的宮廟活動中，經由濟公的牽線，濟公將他認作乾兒子，讓他從十四歲開始就跟著大哥一起生活和學習宮廟事務，而大哥自己的親生兒子，就沒有繼承他的衣缽，選擇去過一上班族的生活，因此這間宮廟現在就交由他在打理，若沒特別的事情大哥已不親自開壇辦事了。就這樣聊著，約莫五分鐘左右就到了，大哥這間宮廟在三面都是稻田旁，本身宮廟並不大，今晚的香客看來好像只有阿梅一個，看來應該是爲阿梅特別開壇辦事的？過沒多久，陸陸續續有人進來，都是來協助開壇作業的人員，沒過多久，發現一個人的有點熟悉又陌生的身影，走進來一看原來是卡爾先生，眞巧！看來這個濟公應該就是菩薩指定要辦事的濟公了，只是要辦甚麼事情，就不清楚了。於是阿梅就跟卡爾先生打招呼：

「您好，卡爾先生，眞是好巧，您也來這裡！」

「是阿，阿梅老師您好，沒想到您也會來這裡！」

「對阿，這邊壇主是我朋友的師兄，剛好有事要請他幫忙，所以就過來了，不曉得你今天也是來辦事的吧！」

「對阿，就是之前有跟您提供關於我家公媽的事情，這間宮廟的主委是我朋友，之前就是他帶我來這裡問的，後來經過老師您的說明和我詢問的結果，都還是建議我回來這裡把事情釐清，若是能就辦，不能的話就請濟公師父給個方向，看是不是要我父母來一趟，要怎樣才能圓滿，不然老是懸在那裡，也是很不舒服的！而且主委跟我說今天因有貴人要來，老壇主親自開壇辦事，朋友就告訴我，可以趁這個機會來問，聽說以老壇主的功力，一定可以得到滿意的答案。」

「沒想到，卡爾先生眞的很有心，也很有執行力，我相信你的誠心與行動力會感動神明，讓他願意出手幫你的，人助天助，祝你好運！」

過了十分鐘後，看來今天就阿梅跟卡爾兩組人，也沒有別人了，難道所謂的貴人就是自己？眞是不敢相信，大哥眞的就是那時一句話，決定替自己辦事。而卡爾先生也就搭了順風車，運氣眞的不錯。在開壇之前，阿弟和大哥就跟阿梅說，今天神明有交代，因爲有其他人在，所以要先處理卡爾的事情，你的事情屬於「行阿內」，所以等他的處理完後，再來處理你的，結束後，阿弟送你回飯店。大哥說完轉身就開始今晚的辦事儀式，幾分鐘後說道：

「來者何人，報上名來。」

原來是濟公師父已經上身了，這時身旁的人員報告：

「師父您好，今晚有位卡爾先生和阿梅小姐要來請教師父，請師父做指引。」

「兩位一起來的？」

「師父，兩位是分開來的，問不一樣的事情。」

「誰說的，兩個是一起來辦同樣的事情，不是一起來是怎麼來的。」

阿梅在旁邊聽得霧煞煞的，明明就不一樣的事情，我問我的事情，他問他的怎麼會一樣。然後乩身突然手指著卡爾先生說

「你，過來。」

這時身旁的人員趕緊請卡爾先生過去，站在乩身旁邊。
「你，想問我甚麼事情，不是已經找到貴人，可以指點你了？」
「師父您好，是這樣的，之前您有提過關於我家公媽的事情，是想請您給與處理方向，看要怎樣處理比較好。」
「你，不是之前就問過，我不是有跟你說，一定要處理，不然不會變好，決定要處理了嗎？」
「師父，關於這件事情我有跟父母商量，但是他們都沒有表達意見，我也不知道接下來要怎麼辦？」
「你阿公去年過世的吧，對年預計何時做啊？」
「師父，我阿公是去年去做仙了，要的話應該也是十二月以後的事情了。」
「這樣啊……，妳，過來！」
這時身旁的工作人員發現乩身指著阿梅，就趕緊請阿梅過去，站在乩身另一邊。
「師父您好，請問您找我嗎？」
「妳，怎麼站這邊，不對，要另一邊！」
阿梅連忙著換位置，而這時乩身斥責著工作人員：
「你們這些人怎麼這麼沒規矩，那邊是不能站人的，忘記了，記得這邊不是給問事的人站的，清楚了嗎？」

「清楚了！」

「妳，不錯喔，跟他熟嗎？」

「師父您好，我與卡爾先生不熟，就只有幾面之緣而已。」

「不熟妳還幫他？」

「師父，我也沒幫到，只是將我認爲應該要怎麼做比較好的想法，說給他聽，至於合不合用，也不是我說的算。」

「妳有去他家看過了嗎？」

「師父，您別開玩笑了，我跟他都不熟，怎可能去他家，幫他看，但是他是有給我看過他家的神龕照片而已，我就給些建議供他參考。」

「妳，不是有任務要解決？」

「對阿，師父可否請指點一下，到底是甚麼任務阿！」

「妳，這個小師妹，經常國內外坐飛機跑來跑去，日子過得還可以，有沒有興趣跟師父一起去他家？」

「師父，您說的是去卡爾先生家嗎？」

「對阿，陪著師父去一趟，有些事情也是要讓妳清楚明瞭，這對妳很重要的！」

「師父，感謝邀請，還是要看時間和而且人家又沒有邀請我，重點是我又不懂，去了也幫不了甚麼忙，所以您確定要我去嗎？」

「妳喔，哪來那麼多廢話，妳不是想要改變生活，現在給妳機會了，只要妳當天能來就好，其他的都不重要，我會處理的。」

「你……，對，就是你，師父去你家如何？」

這時，卡爾先生東張西望的狐疑看著乩身，並且指著自己

「師父，你來是要辦事嗎？這個我不能決定！」

「不是，我要先去看一下狀況，後面你們再決定要不要辦，有些事情還是要先弄清楚的！當然這些都還是要你父母同意，我才會過去，不然就白去了。」

「是阿，師父，我家還是家父做主，所以一切都要問過家父，你等一下，我打個電話回去，看他們的意思。」

……約莫過五分鐘後，卡爾先生說：

「師父，家父說若沒有要辦事，是可以的，只是時間需要事先講，不然他們有時候有事情不在家，這就不好了。」

乩身這時在那搖頭晃腦，嘴中念念有詞然後說：

「下周六是個好日子，上午十點以前到如何？」

「可以的，周六我可以，我們家上午也沒事情。」

「小師妹，你可以喔，要來喔，我等妳！」

「喔，知道了，如果沒有意外事件發生，我會出現的！」

過了約莫十分鐘後，神明退駕，阿弟就跑來阿梅身邊說：

「師姐，那就這樣說定了，下周六早上我和師父一起去雲林車站接妳，再一道過去。」

「卡爾先生，我們到雲林車站您再來接我們，還是直接去你家？」

「我家離交流道不遠，可以直接來我家好了，這樣比較方便。」

「可以的，你家地址給我好了，我們直接過去！」

「請問這樣費用怎麼算？」

「這個包個小紅包就好，不清楚您可以問一下主委就好。」

「了解，這樣的話我先離開了，阿梅老師再見。」

「再見。」

「師姐，我先送你回飯店，師父沒這麼快恢復。」

「好」

阿梅回到飯店，儘快梳洗完畢休息一下，收拾行囊，準備明日北返行程。躺在床上時，回想剛剛的情景和對話內容：說我常常飛來飛去，我已經很就沒有常常飛來飛去，三個月一次怎會常常，比起以前早就算不常了，以前最多是一個月兩趟，我的人生早就在改變了，靠別人，是他想太多了吧，這還是要自立自強。早早睡比較實際，明天還要趕車早起呢！

隔天一早阿梅於飯店吃完早餐，驅車北返，坐車過程中，因爲沒事幹，就一路昏昏睡著，直到台北，又開始面對忙碌的生活了。

阿梅回到台北後，除了白天繼續忙碌的生活之外，晚上阿梅也沒能好好睡覺，一天到晚作夢，重點是，都是一直出現宮廟、濟公、老人，沒有關聯性的畫面，看似有事要處裡，沒處理好還是沒答應要處理，又被阿伯來提醒了，只是阿梅每天忙完回家就很晚了只能洗洗睡，根本沒有力氣去想其他的事情……。

到了星期五，一周就快過完了，下午一通陌生的電話號碼來電，阿梅狐疑地接起來，喂了一聲，從話筒另一端傳來一個台灣國語聲音：

「阿梅小姐您好，我是台南宮廟這邊，別忘記明安早上十點要到卡爾先生家，請問您幾點會到雲林車站，我好去接妳？」

「大哥您好阿，對喔，我還沒確定時間，您等我一下，我搭早班高鐵下去，再轉接駁車，到雲林車站應該是九點半，這樣應該來得及。」

「車站到卡爾先生家車程不遠，大概十五分鐘，這應該來得及，你到了，記得打電話給我，這樣才好接，對了，還有一件，到時候我就介紹你是我師妹了，畢竟你不是我宮廟的人，只能暫時要委屈你一下了，不然講不清楚的。」

「好啊，反正我沒差，只是我不知道爲何一定要我下去，大哥您知道原因嗎？」

「我也不知道，既然這樣安排，明天就知道了，反正明天濟公也會一起去，船到橋頭自然。」

隔天一行人到了雲林車站碰面，大哥與阿弟的車也到了，大哥拉下車窗跟阿梅揮手，然後請阿梅上車，往卡爾先生家出發，這時阿梅發現，車上有一座神尊：

「你們要現場起乩喔！」

「沒有，起乩都是固定時間，而且只能在宮內，其他地方不會的，神尊也不會同意的，這樣太擾人了。」

「那這樣爲何要請神尊過去？」

「原則上我在處理祖先的事情都會請神明護持，這樣才能避免被煞到，保護翁家和我們辦事的人全部平安與圓滿，也可避免那些無形動不動在那邊亂，畢竟只有神明可以鎮得住他們，不然會傷到。」

「也是啦，總不會幫人家處理好後，變成自己不好，這個眉角眞的很重要，透過神尊的協助，讓助人的人和被幫助的人都可得到圓滿的結果。」

「只是我以前都是先問清楚處理方法，到廟裡再去請示神尊確認預計處理的方法有沒有不周道或遺漏的，若有再來執行，畢竟我只是個普通人，所以就用普通人的方式來處理，只是有時候要問很久，問到自己都快抓狂而已，很考驗耐心，或許一開始沒法立即達到圓滿條件，但就只能等到事後發現，好像哪裡沒做好，總會覺得怪怪和卡卡的，就要多跑幾趟宮廟而已，時間拖比較久，跟大哥處理方式比起來，我的方式比較沒效率，很容易就放棄了，所以請神尊直接交辦一次到位，這樣比較快。」

「阿梅小姐，您太客氣了，能夠透過自己方式問出來，找到對的人來處理，這就非常厲害了，很多時候根本不知道對的人到底在哪裡，神明啊，有時候太有個性了，也不是所有的事情我宮廟都能辦，畢竟每個事件都有冥冥中注定由哪位神明來處理，再來就看他是要藉誰的手去達成而已，阿梅小姐以卡爾先生家的狀況，妳幫忙處理了前半段，後半段就是我，我想就是因爲這樣神尊才會要求妳要到場，讓妳在這件事情上可以功德圓滿。」

「大哥，若是能畢能功於一役，當然是最圓滿，我也就能從這事情上功成身退了。不然再搞下去，哪知哪天突然又要我去一趟莫名其妙的地方，齁，這可就不好了。」

這時，阿梅一行人也到達卡爾先生家門口。

卡爾先生家，傳統四合院的房舍，看得出來這個地方是很有歷史的，應該也是他們家族的起家厝。這一家人家看起來就是傳統熱情好客又純樸的台灣人，只是沒想到卡爾先生的的阿嬤已經高齡九十五歲了，行動自如身體還很硬朗，可謂是有福之人。

「阿嬤，這是我之前跟您說從府城請來的師父，跟您和爸媽說明有關於我們家公媽龕的問題，今天他們特別請濟公師父來我們家作客，有問題就問，聽不懂或不清楚的都可以問，難得人家跑一趟。」

「阿嬤您好，妳孫很孝順喔，爲了家裡平安順遂去府城兩次，他也跟濟公很有緣，所以濟公也願意幫助他，所以才會來府上；只是一般這種事情還是要看您的意思，若可以的話，讓我們看一下家裡神明廳的狀況，不用擔心，我們今天只是確認狀況，若有需要處理，會再跟您說明，你們沒有答應前我們是不會做任何事情，別擔心。」

「師父您好，是啦，我孫卡爾是有跟我提過，但是我對這種事情不懂，只是我老公，就是他爺爺過世沒多久，我們只希望大家平平安安，到時候我老公對年的時候，若有需要處理就一併處理吧，只是我家的神明廳是卡爾出生後才重新設立的，記得那時候也是我的公公過世之後一年，由我先生負責的，之後就一直都這樣，至於他怎麼怎麼處理的我就不清楚了，若不是卡爾說有問題，我們也不知道，只是這麼多年了，從來都沒有覺得有甚麼問題。」

「阿嬤，您也不用太擔心，有沒有問題，等一下看了知道，就算有問題，福地福人居，像您這樣高壽有福之人，公媽龕的問題自然對您不會有太大影響，通常會影響的是兒子和孫子們。特別是在身體健康、子嗣方面有關，既然我們來了，您也不用太擔心，一定只會越來越好而已。」

「是這樣子喔，……，子嗣，我是很想抱曾內孫，但是兩個孫子都沒有消息，孫女是已經嫁人了有個小曾外孫女，總是有點小小遺憾，你兩個有沒有甚麼意見，有要說喔？」

「媽，我們也不是很懂，只是這麼多年了，就算有問題也都習慣了，我本來的想法是，爸的對年時間我們還沒確認，就可以請師父他們幫忙處理，不然我們也不知道到時候要找誰來處理。」
「反正都要處理，就一併處理也是對的，既然這樣，師父就麻煩您幫我們處理。」
「阿嬤，您放心好了，這事情就交給我們，我們一定幫您辦到好，一定處理圓滿。」
「既然阿嬤都這樣說了，師父，就請您隨我到我家神明廳一趟，神明廳往這邊走，老房子了，到處都是門檻，要多留意腳步。」
阿梅一行人來到了神明廳，大哥一眼看到就發現就脫口而出：
「哎呀，眞的是公媽龕比神明大，而且三尊神明合起來的地方還比公媽龕小，看來這就是問題了……。」
「卡爾先生，你確定這幾年都沒有人去動這個公媽龕嗎？我看來未必吧！」
「師父，這個我不清楚耶，等一下到前廳再問一下好了，不曉得這樣會有甚麼問題嗎？」
「濟公說，你們家這一兩年不太平靜喔，應該就是有人碰的不該碰的東西，或把公媽龕做了甚麼事情。」
「對，我家這兩年不太平靜，我父親去年初才出了車禍，躺了半年多，持續復健現在好多了；再來就是我哥了，可能是工作不順，聽說三不五時在找錢。我工作上也是經常掉訂單，本來都說好了，客人突然就抽單，不然就政府臨時喊卡。」
「我認爲，工作就是要多多努力，別想太多了，要怎麼收穫就要怎麼栽，這種事情不是靠神明的，只能說你準備不足，要多去開發新客源，才能有備無患；至於出門安全，還是要多留心，不然神明再怎麼庇佑也不夠的，我認爲就是你父親去動了公媽龕，才會讓意外加重變成躺半年，這應該就是問題之所在，等一下你去確定一下。」

看完之後，大家再循原路回到前廳，這時大哥就說：

「問題不大，只要改善就會比較好，只是你們家有人自己去碰公媽龕對吧！」

「我是去碰了，有甚麼問題嗎？」卡爾爸爸急忙著回答著，師父面有難色地看著他然後說：

「你不應該去開公媽龕，自己大主大意的把移動了公媽龕和公媽爐位置，結果自己出事了，幸好家中有神明護持，才讓你躺半年，不然命可能都沒了；不可以再這樣做，開神祖牌是需要看時間的，也不是所有人都能開，沒弄好就會沖煞到，很危險的，這種事情還是要請專業的人來處理，雖然要花錢，但是可以保命，錢沒了還可以賺，命沒了就眞的甚麼都沒了，不能開玩笑的。」

「我也沒做甚麼，就只是把它拿下來，打開抄一下內容，然後把空白的取出來而已，準備我爸對年用。」這時大哥悻悻的樣子說：

「卡爾爸爸，你在開甚麼玩笑阿，這種事情不是這樣處理的，也沒人把裡面竹籤拿出來，這樣裡面會晃，他們住在裡面會不舒服，你想你會喜歡住在一天到晚都不安穩會東晃西晃的地方嗎？這樣怎麼可能會好！」聽完大哥的話後，卡爾爸爸摸著自己頭表現出很不好意思的樣子。

「也對，沒有人會喜歡住起來不舒服的感覺，我沒想到這樣做也會有影響，只是想說，後續處裡的時候這樣比較方便而已，現在知道了不能這樣做，不會再發生了。」

「卡爾先生，現在大概都知道問題在哪裡了吧，就看你們後續打算怎麼做而已，以現在狀況來說，對年做是最好的方法，一天就可以全部處理好，也就不用特別在安排其他時間處理，而且準備的東西和花銷也比較省。」這時，卡爾的父母與祖母也正在商談這件事情要怎麼處理爲好……

「阿伯，您們就先與家族人員們研究討論，今天來就是針對卡爾先生所提的事情跟您們解釋，我想任務已經完成，我們就先行離開。」

這此難得來雲林，阿梅就多留了一天，吃完中餐就與大哥分手後，去雲林鄉間去探訪遊歷，發現雲林除了劍湖山、咖啡之外，還有許多值得探訪的小地方，剛好碰到桐花樹開，就去荷包村賞桐花，據了解雲林的桐花是與咖啡具有互利共生的關係，主要是要幫咖啡遮蔭，除此之外，油桐樹本身就是具有高經濟價值的樹木，是製作油漆重要的原料，亦可製作成生活用品，後來因爲環境與科技改變，油桐花於每年春末夏初時開花，遠方眺望，就可發現傳統客家村區山間有許多白色小花隨風搖曳，美不勝收；入山來觀，漫步於山林間，累了於樹下休憩，取一杯茶，抬頭望去被桐花包圍著，頓時之間，有如置身於另外時空，使人有心曠神怡，忘記煩憂與疲累。駐足休息間，風起，桐花於樹上搖曳生姿，好像我們揮手歡迎，山間的桐花隨風散落於山徑之中，落英繽紛；順時走在山徑之間，桐花從樹上飛雪翩翩降落身上，當下有如受森林之神歡迎禮的洗禮，感受森林洗去煩憂恢復元彩，恍如與世隔絕，置身於人間仙境之。可惜美好的時光總是過得很快，山林間的氣候變化頓時改變，突然一陣強風帶著綿綿細雨而來，把阿梅拉回現實狀況，趕緊快步下山離開。到了山下，天後已經不早，阿梅就趕緊回民宿清洗梳理一番，用餐後休息，準備明天行程。

又是一天的開始，民宿幫阿梅準備了傳統台式早餐，餐後還有一天的時間可以探索雲林，今天就繼續在古坑鄉探訪一下吧！經過一天的休息之後，阿梅早上就順著路繼續往華山的方向前進，今天目標是要到華山小天梯，聽當地人說，那裏有一個十層黃金瀑布，昨天山上有下雨，今天應該是有機會可以看得到此一美景；離開民宿輕裝前往，前往小天梯沿路會經過小市集，販售當地農物特產，走馬看花，不一會兒就看到一串的階梯出現，表示離瀑布區已經距離不遠了，這裡的階梯還不少，幸好有吃早餐，體能考驗方能過關，順著階梯慢走，終於聽到水流聲，再往前走不遠處，就看到瀑布了，今天運氣不錯，眞的有好幾層的潺潺流水，雖不沒磅礴氣勢，也不是涓涓細流，印入眼簾屬於多階瀑布群，一眼望去，盡頭就好像在雲深不知處的地方；再往旁邊去有一指標寫「超大水車」，山間大水車，很特別，沿著指標走，沒多遠還眞的有一個大水車，這個大水車今天有繼續運作著，在這山林間還眞是特別！

阿梅看完之後往回走，去一個知名的麻花樣的鋼索吊橋，這吊橋還眞的只能讓兩個人走，所有才稱「情人橋」，此橋不長，所以搖晃不會很大，輕鬆通過後，那邊可以眺望不一樣的山林美景，一眼望去先是一片茶園，後有咖啡園，檳榔林，錯落有緻，意境深遠，但體力已經消耗不少，到了觀景台休息片刻，回頭看山林間，又是另一種風貌。大自然的美千變萬，順著山勢下山，就到了著名的咖啡大街，人聲鼎沸，感覺又回到人間之中，這時已經是下午時分了，阿梅就趕緊回民宿換洗，準備吃晚餐，餐後就收拾行裝準備明天回台北了。

一早起來，阿梅發現雙腿有夠痠痛的，應該是太久沒爬山，早就已經不再是一天可以走十幾公里的山路都沒感覺的年紀，只是眞的久沒運動，年紀漸長，體力眞的不如以前囉！草木山林景緻樸實自在，易於親近的狀況卻是依舊沒改變，雖然沒有滄海變桑田的狀況，時間流轉，身邊的人事早已今非昔比，總有徒增感傷與無奈。阿梅吃完早餐，退完房就驅車前往車站北返，坐車途中，因爲昨天運動後疲累狀況未消，所以阿梅一上車，只能一路睡到台北；進家門已經是下午時分，明天又要開始忙碌的日子。

今天是星期二，是一個頭昏腦脹又全身痠痛的日子，阿梅一早就劈哩啪啦的一堆事情要處理，每件事都像是救火一般的急，接連而來，無一刻不得閒，一路忙到中午，終於可以喘息一下，到了下午突然阿梅又有開不完的會啊，阿梅心想哪來那麼多廢話和問題，可不可以趕快開完結束，還有很多事情要處理，別在這邊搞權力遊戲，都幾歲的人，官這麼大，還在這樣，無聊死了⋯⋯。

「還有沒有其他的問題？」

「大家都沒問題，散會。」終於散會了，不會吧，已經四點半了，還一堆事情沒做，天啊，看來今天又要加班了，慘啊。阿梅的工作終於到告一段落，已經是晚上八點半，也還沒吃晚餐，看來等一下路上隨便吃，不餓能睡就好。阿梅就拖著疲累著身體搭車返家，一入家門，趕快盥洗一番倒頭就睡，直到醒來已經是隔天上午七點的時候。

沒錯，深層睡眠眞的可以解除一身疲累，阿梅感覺舒服多了，痠痛感也沒那麼明顯，又重新展開新的一天生活旅程。幾天後，阿梅接到長官的通知，要阿梅安排出國，這次去幾個地方一趟：越南、泰國、馬來西亞、新加坡；確定各地目前執行進度和那些夥伴是可以長期經營與建立更進一步的合作關係，看來這一去至少又要兩周不在台灣了。當出國行程與時間確定了，阿梅就趁假日再去廟裡一趟，祈求旅程平安。今天早上先去媽祖廟，下午再去地藏庵，既然要出國，所以短期甚麼事情也不能做，也就都不用問，就等回國後再說。

這次出差旅程，一切順利平安，也替公司找到幾個不錯的合作夥伴，算是不辱使命；回台後的第一假日，阿梅一樣到廟裡去感謝本次出差順遂；剛好今天阿梅的朋友在廟裡，趁休息時間閒聊敘舊：

「阿梅，近來可好，上次妳跟我師兄說的事情解決了吧？」

「那件事情啊，有點複雜，也有點困難，現在就看主人家的想法，我最近工作忙，也沒心思搭理這件事，畢竟主人家去年有長輩過世，要處理也只能配合著做，你師兄也跟人家解釋的很清楚。」

「是喔，這樣的話，是有點麻煩，總之盡人事聽天命，有些事情是不能強求的，自從我做廟公後，我更能理解這句話的意思，特別是有很多事情都會有一想不到的結果。」

「對阿，你師兄是乩身，這次開壇時候，一直叫我師妹，一直要我去幫忙，還說很重要，我根本搞不清楚沒，頭沒尾的，搞得我好像才是事主咧，幸好到事主家的時候，沒有出現那麼無理頭的行爲，不然人家還以爲是我要把他們家怎樣了。對了，我發現雲林有些地方還很特別，趁這次順道去玩了一下，台灣很多地方還是很不錯，有機會你也可以帶著你的家人去那邊走走。」

「妳，不用想太多，我們這個行業互叫師兄師姐很正常，妳跟我師兄差這麼多歲，叫妳師妹也是正常的。」

「不是耶，是濟公叫我師妹，嚇死了，他是和尚我可沒有要做尼姑。」

「哈哈哈，妳想太多了，不會的啦，做尼姑，妳也不適合，太恰北北了。」

「我才沒有恰北北，別人可認爲我是和藹可親的老師！只是有些人總是喜歡惹別人生氣，好好講，都講不聽，罵了就乖的跟貓一樣，喵喵喵。」

「妳看，還說沒有。」

「才不是這樣子的，你想：別人做錯事，你莫名其妙被罵，還要替人家扛錯，重點是之前你都有講，講不聽，出事了才說都是別人的錯，這種人不欠罵嗎？」

「我是修道人，只能勸妳，遇事情要冷靜，別讓脾氣控制妳的腦袋，這麼聰明，職場上要多小心，別著了人家道，有些人事故意讓妳生氣。」

「這個我知道，以前就被人家陷害過，所以早就學聰明了，不經一事，不長一智，遇事啊，停看聽，但在合理安全的範圍下也要積極任事，不然升官加薪也沒分。」

「看來眞的長智慧。」

「長年紀、長皺紋、也要長智慧才行，不然對不起自己；善良是對善良的人有用，職場上訛虞我詐的一堆，能推心置腹又有幾個人，通常害妳的就是跟妳最好的，以前我們的同事不就一堆這種人。」

「如今在大公司，這種人更多，所以保護自己是很重要的，我只是希望不要失去相信人性本善，所以就做一些能夠助人的事情，讓自己可以快樂一點，不然每天那樣生活，實在是有夠累。」

「也是，很多人都戴著面具過日子，不知何時可以卸下僞裝做自己，我現在做這個或許錢不多，但是心安理得，眞的覺得比較幸福快樂些，能找到讓自己心靈快樂是很不容易，妳現在就擁有，是很幸福的。」

「我也是這麼想的，所以才會有動力繼續下去。」此時休息時間差不多到了，朋友也要回去上班了，阿梅就準備回家。

阿梅在回家路上，路過阿舍伯的豪宅，剛好阿舍伯在門口，阿梅便與阿舍伯打招呼閒聊：

「阿梅小姐，您好啊，好像有很久一段時間都沒見到妳囉。」

「阿舍伯，我前一陣子出差，工作也比較忙，所以假日就沒有出來附近走動走動，您最近可好？」

「還可以，我最近都陪小孩子，我女兒一家人最近都來這裡住，所以還可以，我們等一下要出去就不跟妳多聊，以後有空，常來坐坐。」

「好啊，那我先離開了，再見。」

等到阿梅再聽有關於阿舍伯的事情就是阿舍伯生病住院了，再來就沒看過他了，後來才知道阿舍伯已經離開了，享年八十五歲，沒想到那次竟然是阿梅與阿舍伯最後一次見面了，感嘆人生無常啊，就在阿舍伯過世幾年後，那間豪宅也就跟著阿舍伯的離開，而轉換主人，再次經過後也只能徒留人生無常的感傷。

自從雲林回來後幾個月的某一天，阿梅朋友的師兄突然打電話給阿梅，告訴阿梅卡爾先生家同意處理，時間也看好了，但是希望阿梅能與濟公去卡爾先生家一起把這個事情給辦了。

「濟公？」

「師兄，你別開我玩笑了，我又不會，找我幹嘛咧！」

「應該是妳是他們家的貴人，所有要妳在場。」

「貴人？客氣了，我只是舉手之勞而已，又沒辦法幫他們家處理事情，而且他們家要辦的是團圓類型法會，我去會讓人家誤會的，我可不希望，而且我一直以來的作風就是只有自己家的事情我才會親自辦理，別人家的事情我頂多就順手幫忙，最多就是只給建議，不處理，也不出席，以示公平，也違背我的原則，所以恕難同意。」

「阿梅小姐，這樣我們很難辦，妳就勉為其難考慮一下，不要急著拒絕，反正時間還早，再考慮考慮。」

「師兄，這個是原則問題，我想就先這樣了，我還有事情我去忙了，有空上歡迎台北來找我。」

阿梅掛上電話後，便自言自語的說。

「開玩笑嘛，叫我去跟別人家團圓，我要團圓也是找我自己家人，幹嘛去別人家，會去才是頭殼壞掉了，還想用神明的名義騙我去，我可沒這麼笨。」

阿伯的期盼——建立命定的緣分

自從阿梅拒絕再去卡爾先生家之後的日子，阿梅又開始忙了出差生活，平均每個月出差七到十天不等，主要是去公司在各地執行的專案計畫確認進度，瞭解各地合作夥伴執行狀況，目標還是希望案件能夠如期完成。阿梅出差日子其實並不比待在辦公室要舒心多，除了每天戴著面具過日子，更要擔心誰捅的簍仔會，直接從天上掉下來的打到自己，還要幫供應夥伴和現場糾紛進行排解，除此之外阿梅過著如同每天搬家換飯店的日子，根本沒有好事發生，只有一堆待處理的事情要解決，還須面對一人在異鄉忍受孤獨寂寞，怎麼所有事情都串在一起。

歲入冬至，一如過往，阿梅回姊姊家圍爐吃湯圓，象徵一家人團圓，老姐還是一樣老是愛唸叨：

「阿梅，自己一個人到處跑來跑去，看似瀟灑，妳還能幾年，老了就不行囉，可以的話，看有沒有辦法減少出差頻率，妳現在這樣又回到以前工作狀況，也沒有比較好，而且房子買了是給人住的，經常空在那，沒人氣，不旺，對自己也不會好。」

「我也就這陣子出差頻率高一點而已，就被妳唸成這樣，會不會太誇張了，今年我要再出去的機率就低了，馬上就要聖誕節和過年，外國人要放假，我大概也就不會再出去了，再來就等中國新年過完再看吧。」

「妳啊，也老大不小了，總是要多想一下，海外不如台灣方便。」

「我只能說，這個只能看著辦，短期要處理也不容易，就再研究吧。」

又過了一周之後的星期天，一如往常阿梅去地藏庵參拜，想說，最近不出差應該可以把該辦的事情辦一辦了吧，最好是年前，不然又要拖了，只可惜事與願違，神尊並沒有答應何時可以入厝，阿梅也只好繼續等待時機。

正要離開廟門時，突然有人叫了阿梅的名字，阿梅回頭一看，原來是卡爾先生，回想起來，有一段時日沒見到了，沒想到他還記得，眞是不容易啊。

「卡爾先生，您好，好久不見，近來可好？」

「一切平安，阿梅老師您好阿，感謝您之前的幫忙，我們家決定要於我阿公對年的時候處理。」

「這樣很好啊，相信一切都會順利的。」

「我們就是這樣期盼的，對了，上次您來雲林，都沒有機會帶您們到處去逛逛，盡一下地主之誼，希望有機會下次您來雲林的時候，歡迎您來我家作客，順道帶您去雲林參觀。」

「卡爾先生，您這樣太客氣了，其實台灣既安全又方便，像我以前就去過古坑和草嶺，荷苞村的桐花很美，眞的不用的。」

「您幫我們家這麼大的一個忙，我們都不曉得要如何報答您？」

「行善助人、孝順雙親就是最好的報答，對家人好很重要，特別是你奶奶年紀大，有空要常回去陪伴，這是最好的。」

「既然阿梅老師都這樣說了，我只是想要表達感謝之意，這樣的話，不曉得可不可以邀請阿梅老師一起吃個晚餐，算是了表感謝之意，這個您總不會也拒絕？」

阿梅想了想，一起吃晚餐這個還好，反正每個人都要吃飯，一個人吃也是吃，多一人不會無聊。

「可以啊，只是現在離吃晚餐的時間還早！」

「沒關係，我就來安排今天晚上好了，看老師想要吃甚麼？」

「我客隨主便，您方便就好！」

「好的，等一下馬上就訂好了，看老師等一下行程去哪裡，我今天有開車，可以載您去！」

「不好意思，我是有安排下一站的行程，距離這裡有點遠，不曉得是否順路？」

「老師沒問題，我等一下都沒事，可以的，看您想去哪裡，晚一點就一起去吃飯。」

「既然如此，就麻煩您載我去關渡方便嗎？」

「關渡宮嗎？」

「對，就是關渡宮，可以嗎？」

「沒問題的，您上車，我現在就開車載您過去。」兩人就驅車前往，約莫半小時就抵達目的地，在路上卡爾先生向阿梅說明家裡處理公媽的狀況。

「阿梅老師，我們家最終會答應是因爲有一天我阿嬤說她夢到我阿公，後來沒多久我爸也作夢的了，還說夢中被阿公罵，與親友閒聊時候，別人有提醒他是不是公媽龕的事情沒辦好，他們自己又跑去問別人，搞了很久，才相信說應該就是跟您上次前來說明的狀況一樣，才決定要處理，我再打電話給我朋友——就是宮廟主委，安排去找濟公師父幫忙處理。」

「好事多磨，就像我之前提醒的，一被察覺要處理，又沒處理會有一段時間震盪，因爲祂們也終於等到了，想要加快速度只能讓您們有感覺，夢或病痛就會伴隨而來；如今已經確定了，相信一切都會變好，您就不用擔心了，只要到時候照規矩辦理就好，處理好後三個月到半年就會很有感覺了。」

「阿梅老師您說的沒錯，那陣子我家人很有感覺，他們說都沒有睡很好，等到我爸終於確定日程，就又恢復平靜些，不然眞的很害怕老人家這樣沒睡好，身體會出事，搞到一家人都不平安。」

「卡爾先生，您這麼孝順，老天爺會幫助您和您家人，如今大勢已定，就請安心，……

您前面停就好，謝謝，我上面有朋友，會需要一段時間，您若有事可以先去忙，我自己去餐廳就好，這樣比較不耽誤。」

「阿梅老師，您也太客氣了，我是眞的沒事，您不用擔心我，放心，您忙完我們再一起去餐廳就好。」

畢竟有人再等阿梅，阿梅也不能像之前太隨心所欲，所以參拜完畢，去宮廟辦事處跟朋友打聲招呼，閒聊一下後就趕快離開，回到下車位置，卡爾先生已經在車旁等，阿梅趕緊上車一起往餐廳的方向前去。

離餐廳預訂時間不遠的時候，阿梅與卡爾也抵達了。假日的餐廳人潮還不少，看來也是餐食與經營都應該很不錯，兩人就跟隨服務人員到安排的位置。畢竟阿梅跟卡爾先生也沒不是很熟，所以就選套餐是最方便的，也比較不會尷尬。用餐期間卡爾先生很有禮貌的找話題相互交談，大多是一些生活雜趣類的，算是相談勝歡，用餐接近尾聲時，看起來卡爾先生打算要做結尾：

「阿梅老師，您是個很健談又優雅，很榮幸可以認識您，而且又很平易近人，感覺很不一樣……」

「卡爾先生，您也太抬舉我了，我就是跟一般人一樣，上班、下班，每天有空解答網路上的問題，假日安排自己休閒生活或與朋友小聚，也沒甚麼特別。」

「不是的您眞的不一樣，很多老師高高在上，您一點架子都沒有。」

「稱我老師，是你們的抬舉，我只是分享我的看法與曾經成功過的經驗給予建議，如此這般，是大家看得起，稱我一聲老師而已，我並沒有把自己當作老師自居。」

「阿梅老師我有個不情之請，不知道有沒有這個榮幸可以當老師的朋友？」

「卡爾先生，我們已經是朋友了阿，難道不是嗎？」

「那這樣，我可以留您的電話嗎？以後還可以約您出來吃飯嗎？」

這時阿梅才搞清楚，原來不只是普通網路上的朋友喔！至於阿梅的想法也就是既來之則安之，很多事情無須多想，朋友能當多久都不是自己單一方面能決定的，更何況很多事情都不是自己想怎樣就怎樣，而且卡爾先生也不會讓阿梅覺得討厭，年紀也相仿，多一個同輩朋友其實很不錯。

「可以啊，只是您也知道，我很多時間習慣事先安排的，畢竟有時候我工作的關係不一定都會在國內，如果可以，都要提前一兩周先安排。」

「沒關係，我能理解，可以配合的，只要阿梅老師願意給機會就好。」

「既然是朋友，就不用叫我阿梅老師，可以跟其他朋友一樣直接叫我名字就好……」

隔一周，因爲工作關係，需到雲林出差勘查，勘查完畢後剛好是周末，就順便多留一天，當天下午巧遇當地宮廟辦活動遊行，很熱鬧，看來這天是好日子。這時候一通電話進來了：

「阿梅小姐您好，我是台南宮廟這邊，卡爾先生家的事情今天都已經辦好了，特別跟你說一聲，讓您安心。」

「喔，謝謝師兄的告知，相信一切都很圓滿，期盼卡爾先生一家人平安順遂。」

「我們今天會留在雲林一天，聽說你也在雲林是不是……」

「是阿我今天還在雲林，出差就剛好碰到假日，明天就要回台北了，是不是媽祖廟我朋友跟你說的……」

「對阿，我們閒聊，有提到妳，他跟我說你這周要去雲林，辦完事了，想到妳……」

「也是，能在外地不期而遇也是很不錯的經驗，我今天住斗六市區的飯店，我飯店旁邊有咖啡廳，可以著聊聊天……」

「那就這樣，等一下見。」

約莫十分鐘，師兄帶著阿弟和卡爾先生共三人一起來：

「沒想到這麼多人啊，卡爾先生您好啊！」

「是啊，我好歹是當地人，路比較熟，帶他們來最方便，而且他們今天都住我家，是我們家重要的客人，只是沒想到能在這裡遇到您。」

「是啊，剛好出差，事情辦完了就多留一天，明天就回去了，對了師兄近來可好，找我有事？」

「對阿，有件事情一直掛著沒解決，就是上次跟妳提的『濟公』交辦的事情。」

「師兄到底是甚麼事情啊？」

「妳家是不是有事情沒辦妥？」

「您是說請神嗎？」

「對，就是這件事，我跟妳說，最近應該是可以了，你的貴人出現了，事情有機會圓滿了。」

「誰啊？」

「他阿，就是卡爾啊！」

「卡爾，你阿嬤，不是想抱曾孫？你不是也喜歡阿梅？阿梅你不是也單身，又見過人家的家人了，卡爾一家人也很純樸，妳家正缺個男主人，你們兩個很適合啊，在一起不就好了，這樣事情就全部都解決了。」

「師兄，你在講甚麼？這種玩笑不能開的！」

「我，就是來講這個的，我任務已經完成了！」

「師父，我是喜歡阿梅老師，可是這也……」這時師兄拍拍卡爾的肩膀說：

「你自己看著辦，我能幫的也就這樣，該說的我都說了，緣分就是這樣。」

「你們兩個回去想想喔，時間也不早了，我們就先回去，我們明天一大清早還要去別的地方。」阿梅當下眞的感覺腦袋被打到，完全丈二金剛摸不著頭緒，獨自一個人在咖啡，想很久還是沒法理解，就回飯店房間，看著電視發呆，想不清楚，到底怎麼回事？

還是卡爾設計？

「不管了，今晚就關機休息，一切等回台北再說。」

星期一，一周的開始，一切一如往常，也沒甚麼不一樣，忙碌地過了一天，就這樣過了幾天，沒有甚麼變化的日子；至於卡爾先生，自從那天發生過這樣的事情後，就沒有來電說明或繼續，阿梅認爲應該就這樣吧，算是濟公想太多了吧，人家可是要找年輕、漂亮、易生養的，像我這種都幾歲了人了，亂點鴛鴦譜，神仙看來打錯鼓。至於菩薩請入時間，看來今年是有機會的，就等祂點頭了。

周五的下班，阿梅接到一通電話，原來是卡爾先生的來電：

「阿梅老師，我是卡爾，您好啊……」

「是卡爾阿，您好，一切平安。」

「托老師的福氣，近日一切安好，我是有一件事情耽誤老師一點時間，就是……，那天……，說我們在一起的事情，不曉得您覺得如何，……我是知道當天很突兀……」

「是你故意請安排的……」

「不是不是，我跟您一樣，都是當場被告知而已。」

「你要講實話喔，你是知道的，在我面前說謊會出事的……」

「我保證、我發誓，我沒有說謊，我也不是不知情的……」

「所以，你的意思是……」

「我想了好幾天，還是決定要跟你開口說，不曉得我們是不是可以在一起，我其實是眞的還滿喜歡老師您的，只是不知道怎麼開口，雖然我不是有錢人、也沒有顯赫的家世背景，但是我是一個很誠心的人，只要您願意，我是很希望您可以做我女朋友，希望梅梅可以答應。」

「還有沒有想要說的……」

「您沒答應我，是不是我沒機會了！」

「卡爾，有件事情，我連我的家人我都沒有說，就是我之所以會在網路上幫人解答，其實是當時我母親病危，我在神明面前許下了一個願，並用我的姻緣與子嗣做交換，這次交換的結果是成功的，母親解除病危並恢復健康，所以我爲了報答神恩，在神明面前許下了一些承諾，這個就是其中一個承諾，所以我可能這輩子不會結婚和有小孩，跟我在一起可能會有這樣風險，你知道嗎？我看過你的命格，你是一個具有婚姻美滿有兒子的人，而且我們年紀也不小了，若最後在一起後，無法有歸宿，反而是耽誤了你，對你是很不公平的。」

「梅梅，其實你不用太擔心，我們都不年輕了，很多事情在行動前都會想清楚，如今上天給我們一個機會，雖然妳自願交換，但或許是神明覺得你做了很多好事，幫助到了很多人，不需要用自己的幸福去交換，而是要讓妳過得更幸福，讓世人看到孝順、做好事都會有好報也會更容易得到幸福。」

「卡爾，你知道我曾經向神明許下多少承諾嗎？這只是其中一件事情而已，後面可能還有很多不可承受的輕，這是連我自己也都不知道，怎麼去告訴你那些未知的是險還是福，我自己承諾的，我自己面對，若在一起就等於把你也一起拖下水，而且不小心都會是你去承擔，好像變成我害你一樣的。」

「梅梅，我相信只要我們在一起，你一定會幫我的，你是個溫暖又善良的人，不會讓我受苦受難，而且說不一定神明根本就是要我來幫你和保護你的。」

「你別開神明的玩笑了，小心被修理。」

「不會啦，有你保護我阿，你忘記了，那天那個師父說，我是你的貴人耶！」

「哈，卡爾貴人您好啊……」

「梅梅，你到底要不要答應，還是需要時間再想想？只是我們都不年輕，時間不多，不能讓我等太久……」

「另外，我家族有一個不成文的規定就是，男方學歷不能比我低，自己要有能力養活自己，我不能接受身邊男人被家人嫌棄，……。」

「學歷！怎麼這麼八股？」

「沒辦法，我也要面子的人，我家族同輩大多數都是高學歷的，有人唸到博士，當然也有人高中畢業，所以要先過有這個其他再說。」

「還好還好，我兩年前就拿到畢業了，這樣應該有及格吧！」

「再來！」

「還有啊！」

「我的婚姻早已經不是我能決定的，在許諾那時我就交給神明了，所以你若是對的那個人，應該是可以經過這個考驗！」

「爬刀山嗎？」

「我跟你說正經的，又不是考『師公』！」

「不是就好，嘻！」

「星期天下午我跟你約在地藏庵前見，看地藏王菩薩的指示，如果你能把祂請回我家，我就答應你，卡爾貴人。」

「這，太難了吧！我連問事都不太會，還要我請神入厝，你是不是故意判我死刑。」

「之前那個師兄有說，你就是那個對的人，如果你是貴人和對的人，就看你能不能感動神明囉，這事啊！誰也幫不了誰，也騙不了誰的，就看你有沒有這個命了。」

「咳，知道了，一切天注定，放心我一定是天選之人，若到時候神明也同意，你就不能反悔喔！」

「放心，我是個不輕易承諾的人，我說話算話的！我的承諾很値錢。」

當天晚上阿梅做了一個夢，是一個阿伯跟阿梅說：

「你終於找到對了人了，我很滿意就等你決定了，沒問題的話，我就可以去家裡住了。」

隔天，阿梅心裡已經有底，原來這一切有可能是阿伯的安排，只是時機沒到自己也沒當一回事，只好讓阿梅東奔西跑瞎忙著，看看自己會不會主動來問。沒想到，阿梅竟然沒反應，菩薩覺得不能這樣下去，只好叫師兄直接來開口囉，阿梅心想小時候同學朋友會瞎起鬨鬧著玩，現在都幾歲了，還這樣搞，實在很難當眞！

到了星期天下午，卡爾與阿梅依約在廟門口碰面，寒暄一下，就直接進去參拜。終於到了要見眞章的時候到了，阿梅跟卡爾說：

「你拿著擲筊，把心中想講的、希望的直接跟菩薩講，講完再丟，這就看你自己了。」

「好，我會將我心中願望直接跟菩薩講清楚，祈求菩薩答應。」

「你問你的，我問我的。」

「菩薩啊，你何時才願意來我家啊，等很久了，據悉我已經將請神貴人帶到了，就是我身旁的卡爾先生，您覺得是不是，若是就給三聖筊。」於是擲筊下去，叩叩叩三聖筊，原來這件事情的貴人眞的就是他啊。既然貴人找到了，就可以安排時間接回家了吧？

「菩薩啊，既然貴人已到，您看最近是不是可以入厝了，我都安排好了！若是就給三聖筊。」於是擲筊下去，沒有，是笑筊。阿梅納悶地想著怎會這樣子，貴人出現就應該順勢能解，畢竟我才是房子的主人，當然我來問，我來安排最合適，除非有別的要求。

「菩薩啊，祢是不是有其他的安排與要求，若是就給三聖筊。」於是擲筊下去，叩叩叩三聖筊。

「好我懂的。」然後阿梅就去跟卡爾說：

「菩薩說，關於我家安神這件事情，您是我的貴人，所以要你來問才行，這只好請您幫忙了，放心我會幫你的。」這時卡爾偷偷竊笑說：

「嘴巴說不幫，最後你還是會幫我的！」

「辦正事重要，其他的事情等結束後再說，我會跟神明報告，然後你負責丟和撿筊就好。」

「菩薩啊，我很聽話的，都有照祢的意思了，請問是不是要請卡爾和我一起把祢請回家住啊，若是就給三聖筊。」於是擲筊下去，沒有，是笑筊。

「菩薩啊，要等卡爾以我的男朋友身分和我一起把祢請回家住啊，若是就給三聖筊。」於是擲筊下去，叩叩叩三聖筊。

這時卡爾急忙起身說：「你看，我是你命中注定的人，這輩子就是要在一起，我通過菩薩的檢驗了，你不能說話不算話。」

「我是說話算話的，只是人生中還是有很多變數！」

「你放心我們一定可以攜手一輩子，我是不會讓你放開我的手。」於是卡爾順勢就把阿梅的手牢牢的牽住了。

「你等一下，還沒問完咧，急甚麼！」

「對對對，你說的都對，正事先辦完，其他的等一會在說。」

「菩薩啊，但你還是沒告訴我可以入厝的時間，我有找幾個日子和時辰有沒有滿意的？」阿梅逐一擲筊都沒有結果，就在問菩薩：

「菩薩啊，難道還有其他的事要辦？」擲筊下去，笑筊。

「需要請師父來幫忙？」擲筊下去，於是擲筊下去，叩叩叩三聖筊。

阿梅一時也沒以合適的人選，只能先找到人才能接下去，不然也白問了。於是就說手合十跟菩薩道謝後，阿梅與卡爾就一併離開。

就這樣阿梅與卡爾從這天就正式成爲男女朋友。

三催四請——阿伯終於來了

這場算是透過神明安排，有點強迫在一起來的緣分，本來阿梅自己也都沒有很看好，但是阿梅在與卡爾交往的過程中，卡爾很體諒阿梅的工作情況與生活樣態，並不會要求阿梅去改變現況，算是交往過程很舒心，幾乎沒有機會吵架，因爲阿梅也能體諒卡爾工作上必須要有應酬的需求，所以能配合出席就配合，不能也就相信卡爾是一個自律的男人。

兩人對於生活觀念上畢竟還是有所差異，阿梅是一個很西化的女生，因長期出差需求已經很習慣吃西餐，但是卡爾雖然外表西化，但對於總是習慣吃傳統台菜，所以兩人爲了滿足對方需求，就選擇互相退讓一步，約會時候，若是在一、三、五卡爾決定，二、四、六阿梅決定，星期日就雙周阿梅決定，單周卡爾決定，除此之外，因卡爾長年農曆初一、十五吃素，所以若是剛好初一、十五就一起吃素，若是突然想吃台式就交給卡爾選、吃西餐就阿梅選、費用也就看誰選餐廳誰出錢，因此阿梅與卡爾將吃飯這件事，讓機運來選擇，看是星期幾約會和吃甚麼，這樣也不用爲了吃飯選餐廳和付錢吵架。

再者，阿梅與卡爾也不會限制對方的交友，與調查對方交友狀況，以及探討對方之前的交往對象，因爲阿梅認爲這些都是過去的事情，交友有的時候是職場需求，也有求學時期的，不能靠聽說來判斷這個人的好壞與是非，而且這也不應該影響雙方的交往過程，若對方想讓另一方知道，透過相處生活的對話，與互動自然就會知道，不想讓你知道，交往過程中就可以察覺出，似乎對某些事情有所隱瞞，這時自己心裡要有底，也要好好考量一下。

某日，阿梅跟卡爾約會用餐時，就提出有關於找「師父」這件事：

「對了，之前菩薩有要求要找師父幫忙，我有想過是不是我之前買房的那位老師，還是濟公師父，但是我有問過了，好像都不是，你是不是有認識『師父』？」

「師父，我們家是有認識一個廟中住持和尚，我是他的皈依弟子，我們都稱他爲「師父」，難道是說他嗎？」

「喔，有可能，我是沒見過他，能請教他的法名與寺廟名稱和地址，我找個時間去問一下好了。」

「今天看來時間還早，不然我們等一下吃完飯就過去接問比較快！」

「但等一下，你不是已經安排要去看電影？」

「沒關係，這事比較重要，電影可以看晚一場的，而且這件事情你不是已經拖了很久了嗎？」

「對啊，搞很久了都沒搞定，神像也買好了，放在人家那也超過一年了，對方是沒來催，只是這樣我很不好意思而已。」

「那就等一下去地藏庵問一下，或許眞的就是解方。」

「當然沒問題！我好愛你喔，你最棒了！」卡爾這時喜孜孜地拼命將盤中飧快速吃乾淨。

「喂，別急，會噎到！慢慢吃啦！」

「嗯嗯，親愛的，你說的都對，遵命。」約莫，半小時後阿梅與卡爾驅車前往地藏庵。

今日地藏庵人潮較平日爲多，據了解應該是剛好有祭祀的活動，使得人潮踴躍，看來過的不順心的人還是有很多，這些人不乏有錢人或是可以在電視上看到的人，但就在看似事業成功的外表下，其心事又有誰能知，又有誰能告知，最後也只能跟神明告解，尋求心靈上支持，這就是信仰的力量。讓迷惘的人們可以找尋力量，正如自己也曾在面對迷惘時透過與神明的對話過程中，給予支持和協助的力量。

阿梅和卡爾進入廟裡，依序進行參拜，經過參拜一輪之後，阿梅再去重新點香走向正殿，向菩薩報上姓名、出生年月日、住址和說明來意：

「菩薩啊，我是阿梅，今天跟卡爾一起來，想請您確認有關於請你入厝事宜，是否還要欠缺那些，請菩薩協助指引。」

大約過了十分鐘左右，阿梅請卡爾跟著一起雙手合十，然後阿梅拿著擲筊，再次跟菩薩說：

「菩薩啊，我是阿梅，關於請你入厝這件事，你之前說要找師父，請問你說的師父是不是指我身旁這位卡爾的皈依師父，若是請給我三聖筊。」叩叩叩，二聖筊，一笑筊。看來沒有些事情沒想清楚。好換一個問法：

「菩薩啊，請問你的師父是不是指我身旁這位卡爾的皈依師父，要請他幫忙引合適的人選來處理，相關事宜，若是請給我三聖筊。」叩叩叩，三聖筊。

「卡爾，可以請你幫忙問你師父，看有沒有合適人選可以推薦，和要怎麼做最好。」

「這可能要等我們家下次去山上時見到師父才能細問，不然也是講不清楚的。」

「你們家預計何時要在上去，月底前應該還會再去一次，我這次幫你問。」

「好喔，也只能這樣了，不然我也沒辦法，菩薩指定要你去找你師父，就麻煩了。」

「別這麼無奈嘛，至少有些眉目，總比一直找不到的好。」

「沒錯，是有一小步進展，只是我覺得這件事情沒這麼簡單，應該還有其他的，只是菩薩沒說，看來要到時候才知道，你去問看你師父怎麼說。」

……

時序將迎春而來，又到卡爾一家人定期上山參拜的日子了。入寺廟時，依序參拜，參拜完畢後，一如往常，共同來參拜的信眾，與卡爾一家人圍繞著師父泡茶聊天，共同解惑。

「卡爾嬤，你們好啊，看起來一家人最近都不錯，是不是有好事近了。」

「師父您好，說好是，我就等著抱曾孫而已，對了，之前才將我先生的對年做完，不知道算不算好事。」

「事情順遂，就是功德圓滿，好事一件。」

「但是師父啊，我想要的曾孫何時才會有，我都九十五了，催他們兄弟，都不理我這個老人家。」

「卡爾嬤，放心你一定可看到可愛曾孫的，再過不久，應該就會有了，他們兄弟最晚明年會有一個有好消息，你說是不是卡爾！卡爾嬤，你只要好好把自己照顧好就可以等得到。」

「我努力！我努力！只是人家有沒有要嫁給我還不知道。」

「阿孫，有對象是好事，怎麼沒帶回來給阿嬤認識一下！」

「阿嬤，我們才剛開始交往，要現在把人家帶回來，人家會怕的，再過一陣子時機成熟就會帶回來。」

「妳不要讓阿嬤等太久就好。」

「對了，師父有件事想請教您，就是我女朋友有要找人幫家裡安神，不知道師父覺得這件事情要怎樣處理比較好？。」

「你先去填單子，放在神桌上，十分鐘後我們再來討論。」

師父進去靜坐，約莫十分鐘後，師父從禪房走出來，然後想卡爾招招手，

「關於你問的這件事，這樣辦比較好：請對方直接去找有供奉神尊的廟方處理就好，時間部分，我看了下，下周星期六是個好日子，早上九點到十一點的時間可以去辦，但要準備全新的一個神桌，現在準備的不能用，神桌有要上下桌。」

「就這樣？」

「對目前只能這樣，記得，處理完後，每年神明生日要記得回地藏庵，畢竟這件事還是得靠他自己獨力完成。」

「好的師父，我會轉達。」

中午在寺裏用餐後，大家再閒聊一下，卡爾一家人就往回家的歸途。路上中，卡爾嬤，和卡爾父母，對於卡爾有對象這件事十分高興，詢問著對方，結果卡爾很不耐煩地回說：

「你們都有見過，就是上次跟濟公師父來的那位女老師，可以不要再問了嗎。」

「喔，對方看起來，聽話乖巧的樣子，長得不錯，很好，很好。幾歲阿，他的家人你

見過了嗎？」

「人家父母都過世了，目前台灣就只有姐姐一個親人，其他的都是阿姨舅舅，跟我同年。」

「目前台灣？」

「他國外還有親戚朋友？」

「對，他大陸還有家人和長輩。」

「留美碩士，大公司上班，台灣的只見過他姐姐一家人，他姐姐是老師，其他人都沒見過，身家調查也夠了吧。」

「不錯喔，下次有機會帶回家來吃飯認識認識。」

應該是旅途勞累，後來卡爾嬤和卡爾父母就都在車上睡著了，直到快到家才醒。

當天晚上，卡爾來電告知消息：

「梅梅，關於請神的事情我問了，我師父說要你先買一個新的神桌，有上下桌的，再來你自己下週六早上九點到十一點的帶神像過去地藏庵辦一辦就可以了。」

「就這樣？」

「我搞半天，結果就這麼簡單！」

「對，師父說就這樣，只是要記得每年帶神尊回去祝壽。畢竟這件事還是得妳他自己獨力完成。」
「既然如此，我星期一再打電話去廟裡問一下看要怎麼處理，對了你何時台北，我可是在等你。」
「晚上就回去了，乖乖等我喔。」
「好，我在家裡乖乖等，愛你，晚安。」
「我也愛你，晚安。」

原來問題是出在神桌，菩薩不喜歡我現在準備的神桌，那一個是從我舊家搬過來的，看來菩薩不願意使用舊的，於是我就另外找一組神桌，只是神桌需要配合目前規劃來找，直到周六下午阿梅小睡一下時，夢到阿伯，醒來阿梅突然有靈感，就趕快在上網搜尋一下，夢境中出現的神桌樣式，皇天不負有心人，還眞的就發現了一個類似的神桌，查詢一下，然後阿梅去電詢問是否還有貨。
「老闆您好，我在貴公司網站上看到有一組大概八十公分寬的神桌，請問有販售嗎？」
「八十公分，這麼小，我們是有一組，但不便宜喔！」
「老闆，請問明天有營業嗎，我想過去看一下？」
「可以，我們明天十點以後開門，要的話隨時都可以就過來！」

「好，我明天過去。」

確認找到後，阿梅趕緊去電給卡爾。

「你明天有沒有空，可不可以載我去大溪一趟，我找到了神桌，想去確認一下。」

「好啊，我們一起去看。」

隔天一早，阿梅和卡爾就驅車前往確認是不是阿伯想要的那一個神桌。

「卡爾，阿伯要的神桌很奇怪，是紫黑色的，我家以前都是用木原色或暗紅色，怎麼會有這麼怪的顏色。」

「難道連神桌他也找好了？」

「有可能喔！」

「沒想到阿伯這麼龜毛，希望這一個就是祂要的！」

約莫經過半個多小時之後，阿梅和卡爾到達大溪的神桌店

「老闆，我昨天有來電說要看一個八十公分左右的神桌。」

「喔對，那一個神桌，就是這個。」

老闆舉手往後面指過去，

「老闆，這個不是上下桌」

「上下桌那組，賣掉了，現在小的就剩下這個，可以從這邊拉開變成上下桌。」

「那這個不是我要的，還有沒有其他類似的神桌。」

「另一邊那個，暗紅色，那個大一點，看合不合適，有興趣算你便宜一點。」
「這個我不喜歡，沒關係我再找找看，謝謝。」
然後阿梅和卡爾就離開這家店，阿梅上車跟卡爾說：
「既然都來了，我們就在大溪找一找，不然沒有也沒辦法處理。」
「時間很趕，就剩這周了，沒找到又要改時間，很麻煩」
「那就趕快找了，大溪是北部主要神桌產地，這裡沒有就要去鹿港了」
「鹿港？」
「不會吧，找到鹿港，這就確定來不及了。」
卡爾就先把車找的停好後，開始在大溪鎮尋找神桌。
「怎麼都是紅木做的。」
「紫黑色，難道是要特別噴漆？小的眞的不好找」
「梅梅，休息一下，我們先去吃飯好了，肚子餓了。」
「大溪有甚麼好吃的？卡爾先生你看吃甚麼就好」
「大溪最有名就豆干，其他的不清楚，要不就去前面大溪老街上隨便吃可好？」
「看來也就這樣辦，簡單方便吃一下，等一下還要繼續找，沒找到就頭痛了。」
兩人就在老街上看到一家店，生意不錯，就進去坐下來點餐。
這是一家賣傳統古早麵的店，阿梅和卡爾與其他遊客併桌同吃，大概半小時後，用完餐就離開，沒想到店外還有很多人在排隊。

「卡爾，幸好我們早一點來，不然就有得等了。」

「對阿，我們趕快再去找神桌了。」

「剛剛看到前面有一間好像也有賣神桌，繞過去看一下好了」

阿梅和卡爾就返回繞過去。

「老闆，請問有小的神桌嗎？」

「進來裡面自己看有沒有喜歡的」

阿梅和卡爾就進去逛了一下。

店前沒看到，阿梅發現後面有房間，走進去，好像是神桌在這邊加工的，阿梅往回走過去，突然看到一個紫黑色上下小神桌。

「老闆，這組怎麼賣？」

「這個，你要我算你便宜一點，就只剩下這一個，這是高級紫檀木，在外面你要找很難找了。」

「紫檀木，不是塗漆的？」

「小姐，神桌要用原木色爲主，我們頂多就打亮而已。」

「卡爾，你看這一個如何？」

「尺寸先確認一下，看大小合不合適，比較重要。」

「老闆，我們量一下。」
阿梅拿出捲尺，丈量一下尺寸，神桌尺寸剛好在捲尺上紅字上，
「卡爾，可以耶，剛剛好」
「老闆，這個多少？」
老闆給了一個價格，實在是不便宜。
「老闆，可不可以給個折扣？」
「小姐，你確定有要嗎？今天是不能送貨的喔，要送哪？」
「老闆送台北城內，這樣喔，那我算你這樣，再少我也沒辦法了！」
阿梅按著計算機，並跟老闆再次議價。
「哎呀，老闆，我與這神桌有緣，這樣子，這個數字可以嗎？」
「小姐，這個數字不行」
「那你再降一些給我，那這樣好了，你再算一下，看多少可以，若沒辦法就算了，我預算有限。」
「小姐，這樣你的數字再加二千，就這樣，再低我也不賣。」
「好，成交，就你這個數字，下周五送到這裡，我先付訂金。」
「可以，我神桌出去前再幫你整理一下，星期五白天送過去，可以嗎？」
「可以，會有人在家簽收。」

神桌終於買好了，阿梅和卡爾就離開大溪回家去了。

「卡爾，下週五神桌要送來，你幫我個忙，到時候尾款和接收一下，我家的鑰匙，給你。」

星期五廠商依約把神桌送來，卡爾就照風水師之前規畫的放置置放，晚上阿梅回到家，卡爾在家裡等阿梅，並告知神桌已經安置好，並將鑰匙交付給阿梅，兩人再一起出門吃晚餐後各自回家，這樣安神星期六可以正式辦理。

星期六一早，阿梅依照買神尊佛具店的建議與廟方的要求，先行安排一些供品與香案，等著神尊進家門。

八點一到，電話鈴聲響起，原來是卡爾。

「早安，梅梅，準備好了沒，我在樓下等你，一起去吃早餐，吃完再去佛具店請神去地藏庵開光過火。」

「我好了，馬上下去。」

「今天早上想吃甚麼，星期六還是老樣子嗎？」

「就去街口那家早餐點吃就好了，等一下還要辦正事，要留意時間別耽擱了。」

「好啊，這樣是比較簡單點，也比較快，不然去吃其他的擔心會來不及。」

過了約四十分鐘後，阿梅和卡爾驅車前往佛具店，車程距離約三十分鐘，到達之後，阿梅下車直接進入店裡，老闆已經將神像先處理好，讓阿梅抱去廟裡處進行相關儀式。

當阿梅和卡爾到了時候，阿梅先進去跟廟內人員稟告要來開光，廟公熱情的回應，也幫阿梅把大門打開，讓神尊順利進入。進入廟內之後，熱心的志工引導阿梅將神尊放置指定的地方，再請廟內道士協助開光，經過了半小時後，程序結束，阿梅再度抱起神尊與插著香與廟內鑼鼓聲離開地藏庵。

回到家裡，阿梅儘快將神尊放在神桌上，並將廟中取回的香火與香趕快放入香爐之中，再者打開神桌燈，放上鮮花，下桌放上已經準備妥當的供品，進行參拜。依序完成整個儀式，總共大概要兩小時完成。

「卡爾，今天時間剛剛好，十一點前完成。完全沒耽誤到，也終於把神尊請回來了，這下子，一個心願以了。終於將菩薩請回來，也算是對於神尊的承諾兌現。」

如今菩薩已經依約請回來了，面對菩薩的到來，阿梅自此將部分生活習慣也做些修正，並且將菩薩當作家中重要的一分子，成為正式的家人：每日早上起床道早安上香、奉茶，出門稟告，入家門時通知一聲我回來了再次上香，睡前再次道晚安；若是工作出差，則就是先稟告菩薩行程計畫，讓菩薩心裡有底，這段期間都不在家，無法早晚上香請見諒，每次回來時，則另行準備供品感謝菩薩的庇祐，整趟行程順利與圓滿；每逢時節就準備慶祝的供品與菩薩享用，就期盼菩薩能在這邊住的舒心，也作為最誠摯的感謝。

自從菩薩來到我家一個多月後，阿梅的心更加踏實了，工作上那些救火的事情也逐漸減少了，也不再覺得每天回家總是面對冰冷的牆壁，只能開著電視讓自己覺得不孤單，而是覺得家裡每天有阿伯在家裡等自己，願意傾聽與分享每一天生活中的喜怒哀樂，因此開始減少在外不需要的聚餐和逗留的時間，以避免讓阿伯在家裡擔心，有事情可以與阿伯分享心中的喜怒哀樂，祂的眉眼低垂微笑不答，代表著對於自己的包容與體諒，給予最大心靈上的慰藉，張著大眼的諦聽，代表著有如家中寵物一般，有效減緩工作上焦慮與壓力，讓自己重新調整步伐再出發迎接新的一天挑戰；然而，祂們的存在，是有溫度的，就如眞實感受到有自己父母安心又貼心溫暖的陪伴，使得獨自夜晚睡覺也就更安心，讓自己眞正感受到家的舒適與心安，可以更有勇氣面臨每一天不一樣的挑戰。

阿伯來家後，阿梅和卡爾的交往過程一如往常，感情更好了，直到有一天，大概是阿伯來家快滿三個月，阿梅就跟卡爾提：

「對了，菩薩來我家都快三個月了，也要進入第一個重要節日清明節，我清明節前會上山去看我媽，在去之前，我想應該找個時間辦一次答謝宴，感謝菩薩的這一陣子的照顧。」

「有想好甚麼時候嗎？」

「看來清明節會比較有空，就那時候好了，我知道你要回去掃墓，沒關係我自己來就好，畢竟這是我自己要辦的事情。」

「清明是重要的日子，但是一般都是祖先，你拜菩薩，不會覺得怪怪的嗎？」

「酬神，是看自己的心意和時間，沒有特殊節日限制，而且，現在大家都很忙碌的年代，能夠找出一個時間好好準備和拜拜，眞的就是看誠意，不然就要等到祂生日的時候了，那時我也不確定我自己是否有時間，與其如此，不如就先找我自己有空的時間先處理，代表我是有把這件事情當作一回事，也把祂們當作很重要的家人。」

「家人，請教阿梅老師，您說把神明當家人，是不是太不尊重了，我是第一次聽到有人將家中神像當作家人對待的，還是我孤陋寡聞，懇請解惑！」

「沒錯，我是把我家神尊當作家人一樣的對待，就像一個溫和慈祥阿伯與我和祂的寵物。」

「我認爲，既然選擇把祂們迎回家，就要把祂們當作重要的客人或家人這樣才有意義，唯有如此才會考量祂們的需求，神明要的其實都很簡單，是人心太複雜了，祂們進了家門，變成我家的家神，庇佑我；每天回家一個人，面對冰冷的牆壁，當生活或工作不順遂，我也會向祂們發發牢騷，讓自己舒服一點，不然情緒的累積會把自己給憋壞的；有的時候，我們只是想要一個抒發的機會，而不是要有人來做評判，因此對祂們發牢騷，祂們永遠安靜聽我講，就如同父母的包容與接納，而且有時候還會來夢裡告訴我哪裡需要改進，或是哪裡沒留意的，這個機緣我認爲比家人還要珍貴，只是我目前還沒法跟外人解釋，爲何我會選擇跟一個神像發牢騷，然後還有可能有回應，所以我只能用家人來形容較爲貼切，避免產生一些不必要的誤會，或被別人誤以爲是瘋子。」

「親愛的阿梅老師，不知是不是我聽錯了，您說你發完牢騷，神明還會託夢告訴你解決方式？」

「親愛的卡爾先生，您沒聽錯，就是託夢給方向，只是不是事事都有，要看阿伯覺得需要提醒才會，若是祂認爲我自己很快就能發現問題的，就沒有了。」

「所以，你是說給示警夢。」

「示警是一種，告訴解決方案的關鍵也是一種。」

「眞的還假的啊！我只知道電視上的神棍都是這樣說的。」

「我才不是神棍，我又不靠這個營生，至於這種與神明溝通模式我很早就與神明達成共識了，因爲就像我之前所說的，我爲了報答神恩，我會去做神明交代的事情，但是要怎麼知道，也不可能天天問神，我也怕沒接到而出事，所以那時候我就跟媽祖說可以用託夢方式讓我知道，但是我又很膽小，怕鬼，所以若要顯象部分，要讓我不害怕我才能接得到。」

「託夢的內容，有效嗎？」

「99%有效，另1%就是我沒做哈哈。」

「你看，你偷懶也會有懲罰！」

「對啦，沒做就會出事，屢試不爽。」

「屢試不爽？看來很多次喔！這麼不乖！」

「哪有啊，也就幾次，還都跟你有關的，這又不是我能做的。」

「跟我有關，你都沒說，你被怎麼懲罰啦！」

「幸災樂禍！跟你講，沒聽話照辦，就是三不五時飛來飛去，忙的要死，這樣可以了吧！」

「看起來也還好，但你還是沒有跟我說到底是什麼事情，畢竟與我有關，現在可以講了吧！」

「反正都已經搞定了，也就沒必要說了，天機不可洩漏，只要記得對你有好處就這樣。」

「有好處？我怎麼都沒有感覺到？」

「這種事就不要宣揚了，好事就惦惦收下和等發生就好，講多了就不見了，小心很多人會見不得人家好。」

「是，阿梅老師，我就不問了。」

只是卡爾就自己嘟囊念念有詞，不知說甚麼……

阿伯送上的第一個禮物——結束單身、邁入婚姻

算起來阿梅與卡爾認識也有兩年以上，正式交往也有八個月之久，回顧這段期間，兩人於正是交往後三個月，就達成共識：「任何事情都可以好好說，不用急，天不會塌下來的。」或許是社會歷練的關係，雙方都能體諒對方工作與情緒上的需求，就算有摩擦，也把要表達的內容清楚告知對方，並且確定對方能理解自己的狀況，以獲得對方寬容與諒解，即便交往過程中產生許多因觀念差異產生的摩擦，並沒有破壞兩人的感情，反而更增進這兩人的感情底蘊，因為這兩人深信吵架最終不會讓雙方感情更好，只會一次次傷害彼此的愛與包容，唯有雙方願意開誠佈公的深談，如實的表達，安靜的聽對方說，把自己在乎的點與想表達的內容，這樣才能有效解決問題，並且也才能知道對方的想法與自己的差距，對於差距的部分，雙方是否可以找到平衡點，一旦找到對方底線的平衡點後，才能在雙方都能接受範圍下做自己；畢竟阿梅與卡爾的成長背景不同，要想要維持下去，必須找到雙方都能欣然接受的相處之道，不然時間一久了，任一方都可能會受不了，除此之外，只有能做自己且願意給對方一些自由與空間，這樣雙方才能長長久久，所以基於這個概念下，這兩人共同努力一直經營著雙方感情持續下去……

某日，有一陣子沒有聯繫的阿梅姊妹濤來訊有事想請阿梅幫忙。

「阿梅，最近還好嗎？」

「一切平安，曉薇自從你結婚後，都搬到南部去了，很少有機會可以找你出來，看你何時來台北，我們再找姊妹們出來聚一下！」

「可以啊，我最近都在台北，只是有件事情想請你幫忙和給予建議。」

「是甚麼事情，說來聽聽！」

「就是我有去龍山寺求籤，想請你幫我解籤。」

「可以啊，籤詩內容是甚麼？」

「我想跟你見面聊，可以嗎？」

「好啊，我要下班後才有空。」

「那就明天晚上，約在大花園那邊的咖啡廳好了，我們一起吃晚飯。」

「那就這樣囉，明天見。」

下班時間到，阿梅搭車前往大花園的咖啡廳，看到曉薇，已經在裡面了。

阿梅與曉薇寒暄了幾句後，點好了餐食，曉薇拿出了籤詩給阿梅。

「怎麼了，有問題嗎？」

「你幫我看看這是甚麼意思？」

紅輪西墜兔東昇
陰長陽消是兩形
若是女人占此卦
增添福祿稱心情

阿梅看完了以後，想了一下，就回答說：

「不錯啊，有機會可以成就一方事業，想要出來工作了？」

「阿梅，我要問的不是工作，而是婚姻！這支籤好不好啊！」

「也是不錯，妳老公很疼妳的，幾乎樣樣都讓你，這樣還不好嗎？」

「你怎麼跟他說的一樣。」

「從籤詩看來就是這樣，當然你婆婆也很強勢喔，兩個女人都強勢，妳老公目前都是站在你這一方！除非你婆婆……」

「對，就是我婆婆……」

「不會啊，他對你也很不錯耶！」

「我和我先生想搬出去住，他不同意。」

「喔，那我建議，計畫緩一下，我不曉得你爲何一定要搬出出去住，你們根本也不算住一起，各自一層樓，他也不會影響你們夫妻生活，幹嘛一定要搬出去，搬出去費用高，也不一定會更好，要好好想清楚。」

「我跟我老公都講好了，他同意要搬出去，然後他去跟婆婆講，講了之後我被念了一頓，除此之外，婆婆另外找了一堆長輩勸阻我倆，搞得最後，前幾天的時候，他告訴我這個計劃要延後。」

「他說延後，並沒有拒絕喔，表示還有機會，你就耐心等待一下，不差再多等一些時日。」

這時，餐廳服務人員把餐點送來，必竟是姊妹聚會可以隨心所欲，點一些甜分高的來吃。服務員將阿梅與曉薇的餐點送到位後離開，兩人繼續前面的話題，邊吃邊聊著：

「我原本也是想說延後再議，只是前天我聽到婆婆跟長輩說，都是我不體諒兒子的狀況，硬逼著要搬出去，搞得他兒子我老公壓力很大，爲錢苦惱，我這個做婆婆的，也沒有要求他要做家事，連他們的衣服都是我在洗，這樣還不滿足……」

「我認爲他說的沒錯，是你不滿足於現況，找個工作對你會比較好，這樣讓你生活重心有所調整，或許就你就能理解與老人家住沒有甚麼不好。」

「拜託，我以前就沒跟自己父母住，能跟他的媽媽住了幾年，算很容忍了，你到底是不是我朋友？」

「就是因爲我是你朋友，才會這樣說，你來找我，不就想要知道眞相嗎，聽神明眞正要告訴你應該做的事情，還是想聽你想聽的？當然我也可以順著你，可是，眞正的問題是不會被解決阿，想要解決並獲得自己想要的東西，總是要知道事實，很多人解籤並不是想知道眞實狀況，而是想要找神明支持他內心的想法，但是神明之所以是神明，就是能夠明辨是非，不受利益與他人影響，給予最公正的解方，但是這不一定是你能接受的。很多人都說籤不准，其實不是不准，而是這不是他想要的答案，他不信，沒去做，所以後來結果不如他預期，就說不準。」

「做朋友的，還是要勸你一句話，欲速則不達，事緩則圓，等待的過程，找一些事情做，會有更好的結果，除此之外，你婆婆長期都當家，可能是因爲你公公早走的關係，對兒子的依戀會比較大，我認爲先改善你與婆婆相處模式，或許就有不一樣的結果——把尊重和感謝婆婆的行爲與態度表現出來，讓他感受到你的改變，讓他安心，相信一定會有所不同。」

「你怎麼這樣子阿，聽起來都是我不對！」

「你沒有不對，只是你的目的是甚麼，要如何達到你想要的目的，關鍵是誰，他到底怎麼想的，你就是不清楚才去抽籤找答案。」

「籤詩有給你方向——紅輪西墜兔東昇，陰長陽消是兩形，你們家女人當家，所以婆婆在時，妳老公順你婆婆，只有妳和妳老公的時候他都依你，但是兩強時，他最終還是選擇了媽媽，應該是跟他成長背景有關。」

「沒錯，我公公死得早，他與姊姊年齡有差距，所以婆婆對他是比較寵愛，而且他姊姊們也很疼這個弟弟，念書時候家人都很支持他，所以他才能念到好學校……搬出去這件事情，他姊姊們也不同意，但是我這些姑姑們也都沒跟公婆住，怎麼可以這樣要求我，爲何不能將心比心！」

「其實重點在於，他們家人都用心培養他，所以總有些不忍心的問題，你也別氣了，你都跑回台北來，現在住哪裡？」

「我這幾天都回娘家住，我老公都沒有來找我，我更生氣！還在電話那端說風涼話，甚麼都依照我說的，騙人！」

「住娘家，很難得喔，有沒有跟娘家媽媽聊聊，或許會讓你有不一樣想法。」

「我媽喔，我們已經很多年都沒講話了，這次回來，他也沒關心我，都不曉得他是把我當成他女兒還是租客了。」

「拜託，你別人在福中不知福，我現在要找爸媽都不可能了，你還有媽媽在世，比我幸福多了；我是不知道之前甚麼事情，造成你們母女這樣情況，但是你回家，你媽媽沒有拒絕你，當然是把你當自己女兒，沒問，以前我有男朋友的時候在家幾天都沒去約會，我爸媽看到我也不會問，後來才知道，他們怕問了我傷心，老人家不知道你發生甚麼事情，也不知道要怎麼開口，所以沒問反而是一種體貼，你要惜福，我很羨慕你，還有媽媽，若可以及時開始，修補你們母女關係，別等到子欲養而親不待。」

「我媽媽會嗎？」

「當然，老人家的智慧與情感表達方式，有時候很隱諱和迂迴，別忘了他吃的鹽比你吃的飯還多。」

「至於妳老公在光電廠，工作那麼忙，還要輪班，我想他的工作壓力與疲累已經夠他受了，回家看到空空的床、沒有老婆溫暖的安慰，更是煩惱，現在不知如何開口，你要體諒，他想給你空間，你要給他時間，妳就趁著在台北時間，放輕鬆，別再想了，姊妹難得聚一下，好好讓自己過一下單身生活。」

阿梅與曉薇兩姊妹吃完晚餐後，再去鬧區的店找以前同事，他自從離開公司後就到國外打工旅遊，增廣見聞，回來之後就與他的朋友一起頂下這家店，讓朋友們有空可以來聚會，所以只要時間可以，晚餐完畢後都依慣例來此捧場，趁機相聚一下。

「阿琵，好久不見了。」

「對阿，曉薇有一陣子沒見了，一切還好吧！聽說阿梅最近混得很不錯，感情事業兩得意。」

「唉呦，我可沒有很得意，只是感情事業均穩定而已，倒是曉薇，結婚後我們三個幾乎很難再聚，他都住在南部，難得回台北，就來看看你這老朋友了。」

「是阿，曉薇，你結婚後，就轉換成不用上班的貴婦了，很好命，不曉得這次留幾天？」

「阿琵，我看妳也很不錯啊，這麼多年了，你們兩個沒打算結婚嗎？」

「有計畫，但是一言難盡，以前我覺得結婚後，也想像你一樣，就不用拋頭露面，只要在家裡當少奶奶就好了，但是目前我現在想法改變了，我跟阿T現在這樣的生活很滿意，而且那時頂下這間店，花了很多錢，還有些借款都沒還完，，所以結婚與否，結果都沒改變，反正我們現在也住在一起，工作也一起，多年前，政府同婚法沒過，我們就討論過可能就這樣一直下去，如今同婚法過了，結婚對我們而言，就只差一張紙而已，現階段我們只想一起努力先把借款還完再說。」

「阿琵，還是有差的，結婚證書很重要的，代表承諾與責任，阿T這種T是很招桃花的，你也是，所以有結婚證書，才具有約束力，而且你們開夜店的，每天面對許多男男女女，就算你不想，哪知其他人怎麼想，我認爲結婚證書這個只少可以砍掉一堆莫明奇妙爛桃花。」

「曉薇，你是八點檔看多了吧？來我們店裡的客人，都是認識的，沒有你說的那種。」

「阿琵，防人之心不可無，女人的青春有限，還是要多爲自己打算，不然到頭來甚麼都沒有就很虧。」

「阿琵，曉薇講的也沒錯，總是要爲自己打算，我們換個方向想，你跟阿T一起努力，雙方全心全意替共同未來一起打拼，這樣會更有動力，若是可以，何不先把結婚登記辦了，給予雙方安心的保障，這樣才能走得更遠，這樣雙方都會更成熟，你評估看看。」

「所以阿梅，你都這樣駕馭卡爾的嗎？」

「我，沒想過要怎麼駕馭耶，反正順其自然。」

「你們會結婚嗎？」

「我不曉得，我都還沒想過，哎呀，怎麼扯到我這來，今天主角不是我，搞錯了。」

「哪有，你叫我結婚，那你自己咧，要以身作則。」

「我和卡爾才交往又沒你們久，所以還早啦。」

「你也不年輕了，是我們幾個裡面年紀最大的，要就要快，不然到時侯孩子生不出來，那就傷腦筋了。」阿琵這樣一提，阿梅才想到，生孩子，我會有這個命嗎？我的婚姻與子嗣問題都已經不是我可以決定的，所以這個問題就只能交給未來的考驗。

「阿梅，怎麼了？」

「沒事，曉薇，我只是在想阿琵提的事情而已，畢竟我和卡爾眞的都不年輕了，要好好思考一下未來的事情。」

……

後續大家就聊些時下流行的話題，直到十點左右，才相互道別離開。

姊妹濤的聚會，通常談話的內容總是圍繞自己或對方的男人和流行八卦內容，以前沒有男朋友或對象的阿梅，總是聽他們在講別人，給一些自己的想法，沒想到這此話題竟然牽扯到自身，阿梅卻沒法給自己一些建議，看來自己遇事，也是需要時間去思考。

隔天，卡爾來電問候阿梅。

「梅梅，昨天可好，我過兩天要回家一趟，假日就沒辦法陪你！」

「沒關係，有事就先去忙，我也很久沒有一個人在家裡好好休息和看些書，補充一下知識，不然久沒碰書，感覺知識有點貧乏了。」

「也對，不然你這個老師要退步了，我就看你何時會說想念書，不然總是談風花雪月，這樣也不行。」

「ㄟ！你說得太跨張了吧，我們又不是只講風花雪月，也有談正經事。」

「是是是，有正經事，但都是別人的事情，不是我們的事情，你要多花點時間在我們的正經事，幫別人是很好，但是別老把我們的正經事放在第二位。」

「卡爾先生，我可沒有把你和你的事放在第二位，不然你說來看看有哪件事我把你置後了。」

「你想想，我們交往也有一陣子了，總是要想一下未來，但我看你都沒有想這件事，還是只是想沉浸戀愛的感覺？」

「卡爾，你話說的太重了，我才沒有這樣想，我可是很認眞的在跟你交往，只是未來的是，我認爲還需要從長計議，而且我們正式交往時間也不算長，所以多享受一下談戀愛的感覺就不行，你也太老古板了吧。」

「你說我老古板，我對感情的事情是很傳統，這我之前就跟你說過，與你交往目的就是要結婚，只是這件事我從沒有感覺你有放在心上，想想我們的年紀也不小了，不可能跟二三十歲年輕人那樣談個幾年的戀愛，再來結婚的事情，你應該要好好放在心上，我可是很嚴肅和認真的跟你說，可別用嘻嘻哈哈給我呼弄過去。」

「是，遵命，會認真考慮。」

「趁我不在這幾天，就請你好好想清楚。」

「是，遵命，我會認真考慮。」

電話掛上後，阿梅去洗澡，在洗澡時後，阿梅思考卡爾所說的事情，想想他說的也沒錯，畢竟都有年紀了，是應該要認真考慮一下未來，而且他之前就講過，阿梅自己也是知道的，只是現在這樣的感覺是很舒服很快樂，阿梅只是想要延續這樣的感覺，也怕一旦結婚就全都變了調，畢竟結婚是兩人家族的事情，不再只有兩個人的事情，特別是阿梅外公家那群人超難搞的，老姊當時結婚就這搞過一次了，到時候會不會把人嚇跑。

周末到了，阿梅今天剛好沒事，把家中先大掃除一遍，將不需要的東西清理一下，讓家裡可以更舒服，掃除完畢也到中午時分，阿梅就在家就近外出用午餐，吃完飯後，經過阿舍伯的家，因阿舍伯早已辭世，就如同一個世代的結束，而這社區將進入到另一個新的世代。

回到家後，阿梅從書櫃中隨手拿出一書，沒想到看了沒多久，就在沙發上躺著了，做了一個夢，夢中有卡爾和阿梅參加了一個宴會，阿梅與卡爾是宴會的主人，可是裡面大半的人阿梅都不認識，環境也很陌生，但阿梅卻很高興，很多人都跟阿梅和卡爾打招呼，互道恭喜。沒多久後醒來，阿梅看了一下時間，時間還早，也沒多想，既然書沒看完，就把睡前準備的書看完後，想起剛剛的夢，原則上只要是夢，多半是有事交代，但是這次夢是歡樂的事情，不確定是甚麼場合。經過二十分鐘後，阿梅詢問菩薩：

「請問菩薩我剛剛作夢，是否有事情要指示？若是請給我三聖筊」叩叩叩，三聖筊，看來眞的有事要指示。

「請問是工作方面的事情嗎？若是請給我三聖筊」叩，蓋筊，不是工作，那是外公家還是誰家的事？

「請問菩薩是外公家的事情嗎？若有事請給我三聖筊」叩，蓋筊，不是工作，那是老姊家還是誰家的事？

「請問菩薩是父家的事情嗎？若是請給我三聖筊」

叩，蓋筊，都不是？

「請問菩薩是不是我最近有一個重要的聚會？若是請給我三聖筊」叩叩叩，三聖筊。既然是有個聚會，應該是好事才對。

「請問菩薩這聚會是好事？若是請給我三聖筊」叩叩叩，三聖筊。阿梅認爲既然是好事就不用多問了，就等好事發生就好，只要有聚會就去就好，也就不用想太多了，安心過日子。

卡爾回家，阿嬤詢問著：

「阿孫，你甚麼時候要把人帶回來給阿嬤見見，我想看一下孫媳婦。」

「阿嬤，我就是想要來講這個事情，我想把她帶回正式介紹給大家認識，時間也差不多了。」

這時卡爾的妹妹就說：

「哥，你要娶人家嗎？人家有要嫁給你嗎？」

「我是想要娶，但人家嫁不嫁我就不知道了，所以先帶回來認識，你可別亂講話，別把人家嚇到了。」

「阿孫既然如此，你時間安排好了，再跟我和妳爸媽說就好，人家是客人，來家裡作客，若大家有緣以後就是家人，很好，很好，終於等到你結婚了，記得早點生個曾孫。」

「阿嬤，生孩子不是要就有，我女朋友跟我同年。」

「這樣喔，年紀有點大，怎麼拖到這時都沒嫁？」

「阿嬤，她因為工作和家庭關係耽擱了，人很好，也沒結過婚，所以生孩子就隨緣吧。」

這時卡爾媽端著煮好的東西出來說：

「既然這樣，那就隨你們吧，媽，年輕人有年輕人的想法，我們就不要管太多了。」

「我只是想說，看能不能有機會，你的老大遲遲也不結婚，老二有對象，小的也嫁了，現在就盼望著你們兩兄弟，成家而已。」

「阿嬤，來吃東西，別想太多，我安排好再跟你說，孫媳婦一定盡快給你娶進門。」

「好好好，我就等你把人給我娶回來。」

週二卡爾約阿梅晚上吃飯，說有正事要談，只是不曉得甚麼正事，需要如此正經邀約？對了，可能是好事，阿伯說最近會有好事發生，不曉得甚麼好事情。於是阿梅就準時赴約。

「卡爾，你早到了？」

「下午剛好沒事，就先過來等你了，我們先點餐，看你想吃甚麼？」

於是阿梅和卡爾就點了雙人套餐，當作晚餐，這家餐廳的雙人套餐分量很足夠，可以保證兩個人都可以吃得飽，並且餐後的甜點也很好吃，阿梅選擇了熱的紅豆湯圓，卡爾選擇了燒麻糬，吃完飯了看來時間還早，兩人就坐在餐廳裡聊天，這時卡爾就說：

「前幾天我回家，有跟爸媽提我們交往的事情，想說我們也交往好一陣子，想說請你跟我回去一趟，見一見我的家人，我也把你正式介紹給他們認識，看你何時可以去？」

「去你家？」

「對，去我家，你遲早要與他們見面的。」

「可是，你這樣臨時提，我沒有心理準備，感覺很突然？你要不要再給我一點時間安排一下，但我先講喔，去是可以去，只是要用甚麼身分，帶甚麼禮物，才會合適，這都要考量的，不是今天說去就可以去的。」

「我家沒那麼多規矩，你又不是沒來過，至於伴手禮，就看你自己決定，原則上，方便就好。」

「規矩有沒有是你說的，你可是有個阿嬷耶，南部老人家最重視規矩的，另外我先講喔，去就只是正式介紹認識，沒有其他的喔！這要先講好，不然到時候，你家人提出莫名其妙的問題，我可是沒法接招的。」

「你放心，我會搞定的，只要你時間確定，人來就好，其他的不用擔心。」

「那我還要問一下我姊，聽一下他的意見，有些眉角你們男生不懂的。」

「好好好，你去問，這樣子，我就先安排下個月第二個假日，我們一起回去，這樣時間很充裕，你想問、要準備也都夠了！」

於是阿梅翻了一下手機的行事曆，那周目前沒有安排任何事情，應該是可以的。

「那天沒意外應該是可以的。」

「那就先把時間定下來，這樣才能讓你積極準備，不然又要被你給拖過去了。」

「喂，你怎麼這樣說，我只是比較謹慎，還沒準備好就先緩一緩，如此而已，又不是沒做，說的我好像故意是的，生氣。」

「好，不生氣，你謹慎，但也拖太久了，之前就講過幾次，要你跟我一起回去，你都找理由推拖，我那時覺得，或許是我急，可是我發現之前我都沒催你，你就眞的把它給忘記了，這次我不管，反正就這樣，時間先訂下來，你就會認眞去思考該怎麼做，不然等到你想到不知何年馬月了？」

「哪是阿，之前你自己也就隨便提提，我當你隨口說說，後來都是你已經確定要回去時候，臨時問我，我當然沒法回應你，每次都這麼臨時，誰會事先準備等你帶我回家，又不是跟屁蟲。」

「喔！你自己說的喔，等我帶你回家，那就下次回去就帶你回家，這是我可是提早，且很正式的邀請你跟我回家，這樣可以了吧。」

「嗯，看在你很有誠意上，我勉強答應你的請求，卡爾先生。」

這時，卡爾拿起電話直接撥號

「喂，媽，下個月十四號，我帶女朋友回家，你們安排一下，把時間空下來。」

「好啦，當天大概幾點到？」

「下午了，晚上一起吃飯」

「那就順便住家裡好了，我把客房收持一下就可以。」

「好阿，不然他要住外面，也不太方便，那就先這樣了。」

「好了，好了。」

電話講完後，卡爾就跟阿梅說：

「我已經跟家裡說好了，你不能反悔。」

「我答應你的事情哪一件是有反悔過的？我的承諾可是很值錢的！」

「是是是，你一諾千金。」

「當然。」

卡爾把回家事情處理完畢後，時候也不早了，趁餐廳還沒有打烊之前，卡爾就結帳後離開了餐廳，坐上卡爾的車，往回家的路上說：

「梅梅，我終於可以把你帶回家了，」

「幹嘛那麼興奮，又不是幹了甚麼人生大事？」

「這是很大的事情，我這輩子只有帶過一個女人會去，就是之前那位女朋友，你也知道的，再來就沒有了。」

「是喔，然後呢？」

「當然是希望帶你回家會有好結果！」

「好結果，這個可不是你說的算，很多事情都不是我們能決定的，就像你的前女友，都要結婚了，結果因爲對方父母關係，最終還是沒了，所以喔，這種事情只能看緣分了，是你的別人搶不走，不是你的留也留不住，強留只會變成怨偶，反而大家都不快樂了，在一起是要快樂過生活。」

「這我當然知道，目前有好的開始，我相信一定可以的。」

隨之，阿梅到家與卡爾道別，進家門就準備洗澡就寢。阿梅洗完澡後，躺在床上，看了一下時間，才十點多，阿梅想一下要去卡爾家的事情，不知老人家喜歡甚麼，網路上很多人都說帶吃的最方便，只是，食物種類百百種，很難挑選，有人說家裡若有小孩帶小孩喜歡吃的，也有人說帶水果最合適，更有人說這是要給老人家的所以送些養身的飲品也很好。每種說法都很有道理，我記得卡爾家有老的阿嬤，還有小的外孫女，要老的小的都滿意，也都合適有點難，就這樣在還沒想清楚，阿梅躺著躺著就睡著了。

關於去男朋友家到底要帶甚麼禮物好這件事情，阿梅想了想還是去問自己的女性友人應該是最好的，於是阿梅打電話問老姊：

「老姊，我問妳喔，去卡爾家我要帶甚麼東西過去比較好？」

「你終於想要嫁人了啊！」

「沒有，只是第一次正式拜訪而已！」

「哪沒有，這就是人家打算要正式娶妳，才把你帶回家，你要努力一點，給人家好印象，這樣就可以把你自己嫁出去，不然想當孤單老人。」

「對方又沒有開口要娶我，你想太多了。」

「不會的，依照老姊的經驗，最多三個月，他就會向你求婚了，只是你到底有沒有要嫁給他，自己要想清楚喔，南部人都很傳統，很難伺候的，特別是他家還有阿嬤耶。」

「你想太遠了，現在的重點是到底要帶甚麼比較好？」

「水果最好了」

「阿，這麼老套，人家家裏就有種水果，附近也是產地，我還帶水果？」

「不然，蛋糕，老人家多數牙口不好，蛋糕一定吃得動，我記得你說他們家有小孩是吧？」

「那就挑一個知名蛋糕帶過去，老少咸宜，對了，台北那家最有名的鮮奶油蛋糕帶過去，我婆婆也很喜歡吃那家的東西，既符合台北的特產又可以滿足一家老小的需求，這樣最好。」

「喔，鮮奶油蛋糕，好知道了。」

「對了，你們是當天來回嗎，還是要住哪？」

「當天應該沒辦法，下去就都下午了，要留下來吃晚餐，住的話我應該是住外面吧？當地飯店應該不少才對。」

「你自己到人家家裡要注意一點，別像在家裡當大小姐等人家伺候你。」

「我可是很獨立的新女性，我自己一個人住，所有事情都是自己來，連搬家我也是自己來，哪有當大小姐了？」

「你知道就好，人家是要挑媳婦的，自己要表現好一點，別讓人家嫌棄。」

「你是怎樣啦，動不動就說嫌棄，姊夫家對你有意見喔，可是你們也沒住起。」

「我只是提醒你而已，把你自己的事情處理就好。」

「好，先這樣了，掰。」

掛上電話後，阿梅覺得老姊對於伴手禮的建議很不錯，於是就立馬去預約鮮奶油蛋糕，以便去的時候能夠讓大家都滿意。

過幾天，剛好是去廟裡拜拜的日子，今天剛好阿梅的朋友也值班，拜完後，阿梅與朋友閒聊，提到要去卡爾家的事情，想聽聽男生的建議。

「看來他很喜歡妳喔！」

「是喔，你又不認識他，你怎知道？」

「男生會帶女生回家，還正式介紹通常都是要做為結婚的對象，若只是玩玩的，就不會帶回家了，這是男人的直覺。」

「你們交往多久了？」

「超過半年，但未滿一年，」

「嗯，是也差不多了，若要繼續也是該帶你回家了，表示他對這段感情很負責任。」

「對方如何啊，壞老哥哥幫你評一下」

阿梅就跟朋友說一下卡爾家的狀況，朋友聽完後就說：

「嗯，不錯喔，只是有一件事情老哥提醒你，去人家要帶伴手禮，我建議蛋糕最好了，這個是不會有地雷的問題。」

「你跟我姊說法一樣，我有準備好蛋糕了。」

「切記，不要買太花俏和新潮的蛋糕，畢竟每個人喜好不同，所以傳統的最安全。」

「是啊，所以我準備了鮮奶油蛋糕，應該是最安全的。」

「沒錯，另外還有一件事你要留意一下，就是南部人熱情，若是把你當作自己人或未來媳婦一定會幫你準備房間，讓你住家裡，若沒有，你自己也就清楚他們對於你倆的關係還有些考量，並沒有接受你喔。」

「老哥，你這樣說很奇怪，若他們家沒那麼多房間，怎可能讓我住下來，又不是每個人家裡都有很多房間的。」

「這個你就不懂了，南部很多都是透天墅，公寓大樓的都是年輕人在住，有老人家一定都是老的透天墅，比較傳統的家庭都會保留幾間客房，讓家裡親戚回來有得住，不用特地住外面。」

「是喔，我沒有聽說要住他家，我還打算自己訂飯店，反正之前出差也住那間，離他家也沒很遠，就住那裡就好，比較方便，住人家家裡，多拘束。」

「你住人家家裡，人家才能觀察你，看你有哪些生活習慣，作爲替未來媳婦打成績。」

「那如果晚上住他家，不就是要一早起床，不能睡到快中午起床，這樣很麻煩，跟上班一樣。」

「其實也不用，就看你自己想讓人家怎麼樣的印象，如此而已。」

「ㄟ，其實他們家人和我很早之前就見過了，只是當時身分不一樣。」

「哦，怎麼沒聽你說過！」

「就是上次跟你師兄一起去處理，那一家人啊！」

「是喔，上次去當老師，這次去當媳婦，還眞有緣！」

「當媳婦還沒辦撇咧，只是去拜訪而已。」

「看來姻緣天注定，命中註定你們是要結婚了！我等著喝喜酒。」

「啊知，到時就見分曉了，不跟你聊了，你也該上去了。」

「好，再見。」

離開廟裡後，阿梅往與卡爾相約的地方驅車前往。

關渡宮離淡水與八里都很近，而且阿梅也很久沒來了，所以兩人先去八里十三行博物館參觀，參觀完畢後再回到淡水，下午的淡水人潮熙熙攘攘，老街擠得水洩不通，好生熱鬧，在老街上買些小吃，邊走邊吃，吹著海風，輕鬆愜意，一路走過去，就走到紅毛城和馬偕創辦的學校，走累了，剛好附近有家好吃的阿給，於是就在那裏先塡飽肚子，再往前走，阿梅和卡爾就這樣沿著海岸邊一路走到漁人碼頭，這時剛好可以看夕陽。今天天公作美，在淡水的河口看到太陽落日，一個紅通通、散發金色光芒，從高處慢慢地往河口方向降落，夕陽的光芒照印在海水上將整個淡水河口將海天連成一片，一望無際，實在美不勝收，就這樣直到整著太陽完全降落到海平面之下，天色也暗了，轉換成點點燈火，點燃整個漁人碼頭，變成另一外一番風貌，再加上現場樂隊伴奏，傳來悅耳音樂，使得原本疲憊的身體，得到舒緩暢快。阿梅和卡爾在那停留至約莫九點才離開。

在回程路上，卡爾提說：

「跟我回家的事情準備好了吧？」

「嗯，我伴手禮準備好了，就買最有名的那家鮮奶油蛋糕帶回去，應該最合適了，你們家有老人家，大多數老人家牙口不好，吃蛋糕比較容易，若有小孩也合適。」

「伴手禮，隨便準備一下就好，家裡沒這個多規矩。只是這次要下去兩天，當天沒辦法回來而已。」

「喔，那就多準備一套換洗的衣物就好，就當作出遊這樣就好。」

「態度放輕鬆，我家人你之前也見過，都是好相處的人，對了，還有之前你有說要吃淮揚菜，當天晚上就去我朋友餐廳吃好了，你想吃的浮水魚丸、文思豆腐、紅燒獅子頭、揚州炒飯，我已經請他準備了，這些菜可是功夫菜，爲了請他準備，我還被他念了一頓，他說怎們搞這麼複雜的難做的菜，是誰要吃，浮水魚丸材料難找，要找合適的魚肉製作不然很難成功，至於文思豆腐，這是講求刀工和火候，很少人知道這道菜，……」

「紅燒獅子頭，做得到地不多，其他的以前我老爸還在世的時候，過年去親戚家都會特別準備這幾道菜，之後老老爸的親戚過世後，我就再也沒有吃過那個味道，超懷念的，我們家是沒人繼承到人家的手藝，所以後面就沒啥口福。」

「梅梅，你放心我朋友做的一定是夠水準的，他爲了準備這些菜，怕砸了招牌，所以他之前有先試做一下，我吃過口味不錯，只是也些食材受到地區與天候限制，所以就只能找差不多的替代，我看他做發現眞的很費工，我很用心有把你的期盼的事情做到，這樣應該很有誠意吧！」

「吃過了才知道，誰知道是不是騙我的？」

「冤枉啊，幸好我有錄影存證，你看，他做的每一道我都有在旁邊，我是學不會，實在太難了，每一樣菜都要這麼費工，這代表我對你的心也是這麼的費盡心思，我可是眞的想把你娶回家，日月可鑑。」

「你是在跟我求婚嗎？」

「嘻嘻，你發現了，你不想嫁給我嗎？」

「要娶我可是要經過重重考驗的，別忘了你要面對的考驗可不少，過得了再說。」

「梅梅，你看我們從認識、交往至今，我可是關關難過、關關過，現在連最難的菜都準備好了，還有哪件事難，我相信你一定會嫁給我的，只是嘴硬而已。」

「先去你家，結束後再說，還有哪有人求婚這麼隨便的，超沒誠意。」

「是的！當然、當然，下次我一定會很正式向你求婚，你可不能拒絕。」

「誰規定我一定要嫁給你！」

「對，你就一定會嫁給我，不然你還想嫁給誰？」

「你說哩，不講了，反正到時候你就知道了。」

「我知道你是我的跑不了的！」

「好啦，不跟你多說，時候不早，我要上樓，明天還有上班。」

「好的，早點休息，晚安，要好好愛我喔！」

「知道啦，晚安，愛你！」阿梅隨即上樓洗漱完畢後躺在床上，並想著卡爾的用心，沒想到還眞的找人做自己想吃的菜給自己吃，想想這輩子除了爸媽會這樣對待自己，曾經交往過的對象，也都沒有像他把自己上次說想吃浮水魚丸和文思豆腐這件事情放在心上，實在是很感動，於是阿梅起床拿起手機，寫了一封簡訊給卡爾內容寫道：

「今天你跟我說有幫我準備我想吃的菜，讓我對你刮目相看，沒想到你眞的很用心，這件事情我很意外，不管當天味道是否能重現我小時候的家鄉味，你的用心，我打從心理感動，謝謝你，我眞的很愛你，會帶著你的愛入睡，晚安。」

再過了一周之後，阿梅就準備要去卡爾家了。

今天剛好就是阿梅要去卡爾家的日子，一早卡爾就到阿梅家樓下等了，兩人先去吃早餐，吃完早餐後，兩人就出發去斗六，今天卡爾開車，兩人在車上聊著最新流行的八卦，以打發行車間的時光。之前阿梅去雲林都是坐高鐵車程大概一個半小時左右，如今開車下去，沒想到需要三個多小時，這時想有高鐵還眞是方便，縮短了台北與其他城市的距離，難怪高鐵周末、假日班次都客滿，讓北漂的人想要回家，不再像以前需要很長的交通時間，隨時都可以回去；除此之外，就算開車的人，高速公路的休息站也變得更方便了，讓駕駛也可以容易獲得所需要的飲食和休憩。

車程一路往卡爾家前進，抵達卡爾家的時候剛好趕上午餐時間，既然之則安之，阿梅就與卡爾家人一併用餐，這一餐看似一個便餐，只有卡爾的小姪女最似放鬆，原本簡單的家常午餐，因阿梅的加入，使得大家吃得都很拘謹，大家都怕一不小心搞得冷場。飯後因卡爾的父母和阿嬷都有午睡的習慣，卡爾就帶阿梅出去斗六附近繞繞，等到回來的時候剛好已經是下午三點左右，老人家們也午休起床正在樓下泡茶聊天著，這時卡爾的姪女在庭院中與父母玩耍著，看到阿梅和卡爾回來後就跑過來說：

「二舅，你帶的阿姨好漂亮喔！」

「當然是漂亮才帶回來！」

「是喔，媽媽說我可能就快有舅媽了，是眞的嗎？」

「你要聽話，表現好一點，讓阿姨喜歡你，當你舅媽好不好，但是你不要講喔，這是秘密！」

「好喔，我們打勾勾，不能講！」

「晚上二舅帶你們去吃好吃的，好不好！」卡爾姪女就往她媽媽那邊大聲嚷嚷著說：

「好棒喔，我們又可以去吃大餐了，媽媽，二舅晚上要請客！」

阿梅看到小孩如此天眞無邪，可以如此自由自在，看來卡爾所說家人沒有那麼多規矩應該是眞的，於是阿梅和卡爾隨後就進去與長輩一同泡茶聊天

「梅梅小姐您好阿，中午吃的習慣嗎，我們不曉得你們回來得早，卡爾說，應該是午後才會到，所以我們就沒有準備甚麼菜，希望您別見怪。」

「伯母，您太客氣了，您的手藝很好，中餐我吃得很習慣。」

「對啦，卡爾說，你就是上次來幫我們家處理公媽的那位小姐對吧！」

「伯母，是阿，這是我第二次來到府上，只是這次身分不太一樣，上次是跟著師兄們一起來，這次就特別來拜訪，對了，稍早我有帶一個蛋糕，當泡茶甜點應該很合適，這是台北有名的鮮奶油蛋糕，不會膩，您們品嘗看看。」

「好，女兒啊，去把蛋糕拿出來，小孩跑跳這麼久也該進來休息一起吃蛋糕。」

卡爾將蛋糕切妥後，分給大家享用，然後大家繼續聊著，這時卡爾嬷就說

「我孫喔，從小就很乖，也很孝順，我們家也沒有甚麼特別規矩，妳不要太拘束，來這就當作自己家。」

「阿嬤您好，我自己來就好。」

「對啦，上次那件事還是要謝謝你，後面我們辦好了，一切都很順，你是做仙姑的嗎？」我很靦腆的笑著回答說：

「阿嬤，我不是仙姑，只是懂一些而已，之前卡爾有來問我，我跟他說大概要怎樣處理比較好如此而已。」

「喔，那是做老師囉，很不錯耶！」

「阿嬤，我也不是做老師的，就是普通的上班族而已，只是剛好有朋友介紹卡爾來找我問問題如此而已，沒那麼厲害。」

這時卡爾妹妹跟阿嬤說：

「梅梅小姐很厲害的，有出一本書專門教人家問神的，哥就是買了這本書去請教人家的！」卡爾接著就說：

「阿嬤，我就是他的書迷，去請教人家的，結果就把人帶回來，你喜不喜歡阿。」

「喔喔喔，很好，很好，長得很漂亮，書又念得多，不錯，不錯，你們要好好交往喔，只是……」這時卡爾媽就接著說：

「梅梅小姐，聽說你父母都過世了？」

「伯母，叫我梅梅就可以，我是家中最小的，父親過世很多年了，母親前年也過世了，家中只剩我和姊姊兩個人了。」

「是這樣啊，不曉得姊姊是做哪一行的。」

「我姊姊是老師，姊夫在大陸經商。」

「不錯喔，聽說你現在自己住？我問一個比較不禮貌的問題，你怎麼這麼晚還沒結婚？」

「伯母，以前我都在國外工作，後來父親過世後，母親身體不好需要有人照顧，而且我姊姊那時已經結婚了，所以我就把國外的工作辭了回台就近照顧母親，由於母親後期有點失智，所以就一直跟母親和姊姊住在一起，直到母親過世後我才搬出來自己住。」

「是這樣喔，照顧母親耽擱了婚姻大事，你很孝順；對了你還有在宮廟服務？聽說這個也會耽誤姻緣！」

「媽，你沒聽清楚嗎？人家沒有在宮廟服務，是上班族，有寫書，算老師級的。」

「喔喔喔，對咧，我誤會了，對了，今天晚上就住家裡吧，我們家房間多。」

「會不會太打擾了！」

「不會啦，我們本來就有準備客房，吃完晚餐，回來住比外面舒服，也這樣比較方便。」

這時阿梅想到朋友說的，被認定要做媳婦就會被留宿在家，果來應驗了，可是自己還沒準備好，也不知怎麼回答的時候，卡爾就說：

「東西在車上，等一下我拿去放，媽是我旁邊那一間嗎？」

「對阿，就那間，你們年輕人晚上想要聊天也比較方便。」

這時卡爾阿嬤接著說：

「現在年輕人跟我們不一樣了，就讓他們兩個住隔壁比較方便，也不會被我們打擾到。」

阿梅突然腦袋閃過，不會吧，晚上卡爾衝到我房間對我……喔喔！這時卡爾拿著阿梅的行李，放到客房，然後對阿梅說：

「你，別胡思亂想了，在家裡要講求規矩的，你放心，我才不會半夜衝去你房裡把你扒光跟我睡。」

「你胡說，我才沒這樣想咧！」

「你不想我抱著你睡阿！」

「我還沒準備要嫁給你，所以不行！」

「好都依你，但可別讓我等太久，我可是個正常男人，也是會有需求的，憋太久可是會壞掉的。」

「都已經憋這麼久，就請你繼續憋著，直到我想通的那一天。東西趕快放下，別讓你爸媽等太久。」

「卡爾阿，你看看梅梅小姐還有沒有甚麼缺的，若是有，趕快帶人家去準備，別讓人家住不舒服。」

「我剛剛檢查了一下，沒缺。」然後卡爾將他媽媽拉開後，阿梅在樓下與她姪女一起玩。

「媽，你對人家比對我要關心，你覺得她怎麼樣。」

「不錯啊，你有打算娶人家？」

「對阿，只是她跟我同年，你可別給人家壓力喔！」

「知道啦，是你別把人嚇跑，只是若要提親都沒長輩要怎麼處理？」

「應該只要她本人同意就沒問題了，其他的應該沒多大問題。」

「你們年輕人的事情，我們是管不了，孩子生不生就看你們自己的造化了。」

到了傍晚左右，我與小朋友玩得很快樂，天色漸漸暗下來，這時卡爾的妹妹就喊說：

「小朋友，要準備先洗澡了，洗完澡後就可以跟漂亮阿姨一起去吃大餐！」

「好喔，阿姨我先去洗澎澎，你要等我一起去吃大餐。」

「好啊，沒問題，阿姨等你，你慢慢來。」

趁小朋友在洗澡，阿梅自己也收拾一下，準備等一起出去用餐。約莫十五分鐘後，小妹妹也洗好澡，大家也都準備好了，就分兩部車往餐廳的方向出發。原來餐廳離卡爾家車程才五分鐘左右，而且餐廳老闆與卡爾一家人都很熟，難怪卡爾點這些難做的餐點，人家還願意承做。到餐廳門口後，一行人就依照餐廳人員指引就座，沒多久之後，有一個男人看起來比卡爾大沒幾歲，與卡爾一家人寒喧。

「阿嬤，伯父、伯母你們好，歡迎您們來，卡爾今天有請我特別準備幾道特殊的菜色，這些特色菜我也不常做，所以您吃吃看合不合口味，給我一些建議。」

「阿文，不曉得今天準備甚麼好料阿！」

「卡爾今天特別要求我做一些淮揚菜，這些都是費工的，您們應該也很少有機會吃得到，聽說是要請家裡重要的客人，所以才特別要求準備的。」

「是阿，今天就卡爾帶女朋友回來，大家一起吃個飯，認識一下。」

「哦，原來是這樣喔，那就不打擾你們用餐了，等一下我就請廚房先上一些前菜，其他的菜，晚一點就上。」

於是阿文哥就往廚房方向跑去，然後餐廳的人就先上一些簡單的開胃小菜。約莫五分鐘後，第一道上的是揚州獅子頭，然後再來是文思豆腐，香酥鴨，再來就是一些家常菜，大概第五道菜的時候，就把今天的主食：揚州炒飯上桌，再來就是兩道青菜，最後上浮水魚丸湯。餐廳連出菜都有按照每道菜的口味與特色選擇出菜順序，也避免口味重疊無法享用每道菜的特色，看得出餐廳主廚的用心。這時卡爾就在阿梅耳邊說：

「這些都是阿文哥親自為你煮的，他的祖父可是有名的廚師，他有傳承到他祖父的功力！這些東西應該不輸你之前吃的口味才是。」

「是喔，老闆親自下廚？」

「對阿，我特別拜託他的，我認識的人，也只有他會做你要吃的浮水魚丸和文思豆腐，我之前連聽都沒聽過，看也沒看過，我就跟阿文哥說這兩個菜名他就知道了，而且這家餐廳本來就是以江浙菜系爲主，只是畢竟在台灣，口味就會比較迎合台灣人口味，所以應該與你想要的差距不遠。」

「原來如此，我才覺得說有些口味比較偏台菜口味，雖然跟我小時候吃的有些差距，但這樣搭配，沒想到很好吃，比較迎合人眾口味，不然豆腐湯會偏酸，怕小孩不敢吃，主廚很用心。難怪店內高朋滿座。」

「阿文哥這家店，假日生意很好，若沒有提早訂位，是沒有好位置；而且阿文哥現在也很少親自煮了，都交給下面的人去處理，若不是你要吃，他怕砸了招牌才自己下廚，請問梅梅老師，這餐是否滿意。」

「嗯，滿意，很幸福的感覺。」

「那……我應該還有機會，當你家男主人候選人吧，看我這麼用心的分上，拜託您賞賜一下吧！」

「哦，這個嘛，我想想……候選人應該有機會！但還是要看你後續表現喔，畢竟只是候選人而已。」

「唉呦，你這麼小氣，連當個候選人都這樣，我跟你說，我阿嬤、爸媽都很喜歡你的，才把你留在家裡住，這個用意你要懂。」

「要懂啥？七早八早起床煮早餐？還是打掃？還是甚麼？」

「你別裝傻了，你來家裡作客，這些事情都不用作，你只要好好考慮我倆的未來就好，不要顧左右而言它。」

「原來你說的是這個，我一直以來都很認眞的與你交往，也好好考慮我倆的未來，不然我來幹嘛。」

「哦，終於說實話了吧，就知道你也想嫁給我的，沒關係你現在也不用急於否認，畢竟你說有些事情要先處理才可能結婚，只是你都沒有說，我也不知道，我想今晚你就好好想一下，想清楚了，明天跟我說到底是甚麼事情，若沒處理會影響我們的結婚。」

「我還沒準備好告訴你，讓我想一下要怎麼跟你說。」

「沒關係你想清楚再跟我說。」

杯盤狼藉之後，時候也不晚了，大家就離開餐廳回家，由於卡爾的阿嬤睡覺時間比較早，所以就各自回房休息。

可能因爲認床的關係，天還沒亮阿梅就先起來上廁所，這時阿梅發現卡爾母親與阿嬤已經起床了，阿梅一副蓬頭垢面的狀態，趕快跟倆老問早後匆匆回房，這時回去看了一下手機，才早上四點半；天啊怎麼這麼早，我爸媽以前也沒這麼早起，難道他們還是維持以前務農的生活作息，這個我可是受不起。就繼續躲回床上繼續睡覺，等到再次起來時候已經是早上十點了。沒想到卡爾已經坐在客廳等了。阿梅趕緊梳洗一下，就去客廳；卡爾媽幫阿梅準備燒餅油條，不是清粥小菜，阿梅看到時有點意外。這時卡爾媽看到阿梅就說：

「我叫你阿梅比較親切，卡爾說你父親是外省人，所以幫你準備燒餅油條，我們家每個人吃的都不一樣，這家的燒餅油條是斗六最出名的，你吃吃看，不用客氣。」

「伯母，您太客氣了，我早餐都吃得很簡單，您還特別替我準備燒餅油條，謝謝您了。」

「對了，你昨天睡得還好吧，我看你早上很早起。」

「謝謝伯母關心，很舒服，我只是起床上廁所而已，平常假日都還滿晚起床的，像您這麼早起，我很佩服。」

「我跟你們年輕人不一樣，我現在都睡得少，多年以前開始，晚上沒吃藥睡不著，現在就算吃藥，早上四五點就醒了，也就沒法睡了，所以就起來瞎忙，打發時間。」

「原來如此，我媽以前更年期之後，也都是要靠物才能睡滿八小時，因爲長期用藥下，我和我姊怕我媽用藥會越來越重，也擔心副作用，所以我們都在晚餐做些調整，因那時候家裡有請外傭照顧我媽，所以都會請外傭晚上要煮比較少鹽，少油清淡點，九點左右準備芝麻糊食用，我們是自己買芝麻回來弄，然後加入糙米漿之中，當晚點讓她喝下去，這樣子半年後，用藥量沒有增加，外傭說我媽的睡眠品質有比較好，效果還不錯，聽說芝麻素是有助於睡眠，只是這樣搞有點麻煩；像我爸往生前幾年，就是睡前一杯熱牛奶，好像也是有效的，他這輩子沒有需要吃藥，才能睡覺的問題。」

「看來你們姊妹都很孝順，也很用心照顧自己的爸媽，你們父母是很有福氣的。」

「沒有啦，孝順父母是我們做子女應盡的義務，特別是在我們有能力可以給的時候，就盡力去滿足而已，讓人生不要有遺憾而已。」

阿梅觀察了一下，阿梅好像是最晚起床來吃早餐，有點汗顏，所以吃完早餐後阿梅就趕快幫忙收拾餐桌與碗盤，也把自己用餐的餐具順手洗了，以免被人家事後講說不懂事，之後就先回房收拾一下，確定沒有把人家弄亂且有回復原狀，畢竟這是住別人家中，不能造成人家的麻煩，還要讓別人後面好處理。整理好後，阿梅就下去找卡爾，陪卡爾家人泡茶。原來卡爾家，早上都有家族中的叔伯來家裡，找卡爾爸和卡爾阿嬤泡茶聊天，卡爾也趁機會將阿梅介紹給卡爾家族的叔伯認識，由於阿梅的台語實在不太好，所以他們的談話內容有很多聽不太懂，因此也沒法搭話，只能陪笑臉。卡爾爸是知道阿梅台語實在不行，也怕講不清楚，所以昨天晚上故意都請卡爾媽來與阿梅聊天，看得出來，這家人眞的很用心對待這個未來的媳婦，讓阿梅很刮目相看，除此之外，卡爾的叔伯，也好像知道阿梅這兩天都會在這裡，所以對於阿梅的到來也不會很意外，反而很歡迎，讓阿梅感覺到南部人的熱情，正如外國人說，台灣最美的風景是人，來到南部更是人此。

過了十一點之後，卡爾家的叔伯也就陸陸續續離開，準備回家用餐，待叔伯離開後，卡爾爸跟阿梅說：

「阿梅小姐，你吃住孩習慣吧，我們南部沒甚麼好招待的，你就把這當作你家，不要太拘束，我國語講得不太好，都是說台語，這些農產品都是我們自己種的，等一下回去的時候就多帶一些回去，若吃的喜歡，你就請卡爾回來摘，拿回台北給你就好。」

「阿伯，你們還自己種菜和水果，不錯喔，鍛鍊身體，這樣更勇健。」

「那邊是我們以前的工廠，我年紀大，做不動了，他們倆兄弟，我們也不想讓他們那麼辛苦，所以就收了，現在沒事就種些菜和水果、養魚打發時間，反正也沒其他的事情可以做。」

「吃飯了。」原來是卡爾媽在喊大家來吃午餐了。

卡爾媽的手藝眞的很不錯，中午又準備一桌菜，畢竟阿梅在人家家中住了一天，總是要有所表示，代表自己也是有家教的人，所以餐後就去廚房幫卡爾媽洗碗和收持廚房，卡爾媽連忙的說：

「你是客人，不需要做這些，去客廳做著休息就好。」

「沒關係，對我也只是舉手之勞，以前我家裡沒有外傭時候，我在家裡也是負責洗碗收廚房的，現在自己住，很多都是要自己來，我也習慣了。」

「沒想到你還會做這些，現在很多女生都不做這些事情了，反正都外面吃比較方便。」

「我以前在國外時候，有時候也會自己簡單煮一些自己想吃的東西，畢竟國外不像台灣這麼方便，想吃甚麼就有甚麼，很多都要自己動手做，後來經常出差，也就配合當地飲食習慣簡單吃，至於眞的想吃甚麼就等回台灣再來吃。」

「我聽卡爾說，你經常要出差阿，工作很忙！」

「我現在大概每個月最多出國一趟，以後可能會更少，變成一季出去一兩次就夠了，之前因爲有些東西還須自己親自飛過去處理，後面順了就可以不用這麼頻繁出差了。」

「這樣也好，畢竟經常坐飛機是很累的，你別看卡爾阿嬤這樣子，她每年也都去美國看孫子，老人家喊說做飛機很累。」

「阿嬤這麼厲害，都是誰陪她一起去。」

「卡爾的哥哥，向來都是老大陪阿嬤過去，老大工作時間比較彈性，英文也比較好，以配合阿嬤的需求，這兩天老大剛好台北工作忙就沒回來，或許你們可以在台北聚一下，比較方便。」

收拾玩廚房後，阿梅和卡爾與卡爾家人道別後就原車北返。在回台北路上，就與卡爾閒聊著。

「我媽說，你房間整理的太乾淨，是不是都沒睡在房間裡。」

「我只是有好習慣，把房間整理的乾乾淨淨而已，特別是住公司宿舍和別人家，我一直以來都如此，雖然事後，人家還是要換整一番，但是也不要讓人家嫌棄自己沒把房務整理好，你看看電視上很多女明星和名人，他們的臥房都很亂。」

「也對，很多女生長的漂漂亮亮，但是臥房可怕死，都很懷疑衣服和臥房養的多少蟲子，我就不信，哪個男人看到不嚇跑了，哪敢娶回家。」

「拜託，你們男人很多也是亂七八糟的，我都很懷疑，你們當兵不是都有要求要把自己的內務整理乾淨、棉被摺成豆腐狀，結果一退伍全都回覆原樣，說我們女生，也不看看你們男人。」

「我們可是訓練你們女人，當賢妻良母表現的機會，不然哪知會不會，所以你們要感激，我們這些男人培養你們具有賢妻良母的特質。」

「齁，你們要找老媽子，還不容易，花錢請傭人就好，何必找老婆。」

「不一樣的，這你就不懂了。」

「是阿，我就不懂你這歪理，爲自己懶惰找理由。」

「還有，不是所有作兵都需要摺豆腐，我待的單位就不用，你不懂就不要亂講，會被當笑話的。」

「我又沒當過兵，電視都這樣演，誰知道眞的假的，總之你們這些男人，別找理由偷懶把家務都放給自己母親或妻子。」

「你每次講不過，就東扯西扯。」

「哪是阿，明明就是，勒！」

……

由於剛好是假日，高速公路北上的車流量頗大，而且又碰到有交通事故，車子只能走走停停綿延了幾公里，等過了事故區，才比較順暢，所花費的時間比起昨日南下時間還要多了一個多小時，開車的人累，坐車的人也累。車程經過休息站，兩人就下車稍作休息片刻後，再繼續驅車北返的路程。再次啓程之後，路上聽廣播電台，來打發一下時間，發呆一下子。沒多久後，卡爾就說：

「你在發呆阿？」

「人生難得偷得浮生半日閒，沒聽過嗎，幹嘛讓自己這麼累，太安靜不習慣阿！」

「也不是，我就在等妳跟我說那件事情而已。」

「哪件事情，沒頭沒腦的！」

「就你昨天說，有些事情要先處理才可能結婚，到底是甚麼事情啊？」

「這件事情啊，你聽到了不要害怕喔！我之前有說過，應該知道我之前，爲了母親有一次去我外公家處理祖先的事情。」

「所以你結婚要你外公同意？」

「ㄟ，也可以是這麼說，只是老人家早就往生了，而且我爸媽在世時與外公家之前有些狀況，後來很少往來，若不是那次處理老媽的事情，應該很難有機會再踏入那地方了，再說了，我是個外姓人要回去拜外公家祖先，像我舅那些傳統老人家，怎可能讓我去，除此之外，還有些家醜不得宣揚的，反正喔，最後搞得很複雜就是了，想要回去上香問阿公，可能會被罵死，麻煩得很，只是當時我是爲了把事情辦好，反正哪時候覺得我這輩子應該就不會結婚，所以沒多想就答應了……」

「這還不容易，你就找個時間跟你舅舅、阿姨說要回去看他們就好了。」

「事情有那麼簡單就好了，那時候要辦外公家的事情，我被人家嫌說多管閒事，一個外姓人憑甚麼管外公家公媽的事情，被他們講東講西的，後來舅舅們家又發生了一些事情，都說是我的緣故，我母親過世後，就再也沒聯絡了，這件事情很難辦的，除了這個之外還有，就是你要能通過我家菩薩和媽祖的考驗，我是不知道祂們會考驗你甚麼，要通過才能夠當我家的男主人，不然也是沒辦法的。」

「這是甚麼阿，跟人打交道只少還可以明查暗訪一下，你自己要跟看不到的也就算了，我也要，拜託你是說眞的還是假的啊，我可是這輩子第一次聽到的。」

「幹嘛騙你，我沒這麼無聊，你現在知道，我講這個沒人會相信的，還有這兩件事情都很難辦，所以才說怎麼能隨便答應你，畢竟我先答應祂們的，祂們有遵守諾言，我也必須信守承諾，達到言出必行。」

「可是你答應的事情是別人做耶，不是你做，這樣怎對？」

「不是一個人自己做，是要一起做，就你一個人也做不來的。」

「那你說這要怎麼辦？」

「我還沒想到辦法，等我想到了再說吧！反正你求婚成功與否就看上天給你的造化，他們答應我就嫁，這樣總行了吧。」

「我本來想說你父母都不再了，這件事情你同意應該就沒問題了，從沒想過還有這麼多麻煩事情，結果，這事情應該比你父母還難搞，我看我也得好好想一想怎樣處理好了。」

……

自從卡爾知道這件麻煩事情之後，對於結婚這件事就沒有再掛在嘴邊了，直到七夕情人節的前夕，卡爾突然又提及了，

「我想過了，這件事情並不難辦，你說你外公家的事情，你不是說你跟小阿姨感情很好，那就請你小阿姨幫你，然後請他找機會回家，你一同回去作客就好事情不就解決了。」

「不可能的，我要怎麼開口啊，之前辦外公家的事情我就是以我媽媽之名，說兄弟姊妹好久沒見，大家吃個團圓飯的名義辦了一回，現在他們是長輩，我是晚輩，我跟他們團圓，開玩笑，這種只能讓長輩自己開口，人家沒開口，哪輪得到我開口的道理，不符合規矩的。」

「梅梅老師，你就想想辦法吧，我想你一定可以想到萬全之策，一次搞定的，畢竟我阿嬤希望我能趕在我阿公下次對年和去美國之前，老人家催得緊，看在可憐的我，對你這麼好，又這麼專情的分上，你就幫幫我們自己，你不是說，做老師的要能解決自己

的難題才能解決別人的問題。」

「親愛的卡爾先生，我是想不出辦法來，你說要一次搞定，這種事情必須天時地利人和，又不是我用變的就可變出來的，你眞的把我當仙姑了，開玩笑咧。」

「我的意思是說，你就去求求你家菩薩和媽祖請他們指點你一下，不就行了。」

「關於這個部分，是你要去求他們幫你，我去求，幹嘛，我又不急著嫁。」

「好好好，我去求，等一下回你家，我親自去求，我相信神明一定會答應的。」

「那你要好好準備一下，總不能兩手空空去求吧，這樣也太沒誠意了，記得菩薩吃素。」

「ＯＫ，我們先去買一些拜拜的東西來賄絡一下菩薩。」

「喂，你這樣太沒禮貌了吧，甚麼賄絡，神明是無私的，不接受行賄的，咳，我看你還是準備好再來，今天就免了吧！」

「遵命，梅梅老師，我就回去先準備供品去孝敬菩薩，請菩薩幫幫我。」

「你到底知不知道要準備甚麼？」

「來，我開個清單給你，你就照這個準備，別忘了，要誠心誠意，別開玩笑了，不然我也幫不了你，對了若可以這幾天你就每天早上起床念一下經，迴向給你自己和菩薩，請祂幫你，你若有用心照辦，應該會有不錯的結果，這就要靠你自己了，努力加油喔。」

「我就知道你是愛我的，所以還是幫我。」

「正經一點，我能幫的也就到這裡了，後面就看你的造化，若我命中注定要嫁給你，那別人也搶不走，不是你的，我也沒辦法了，就只能請你別結婚了，陪我一輩子，這樣可以了吧！」

「我就是要結婚的，我才不要做一輩子的單身狗，你放心，我一定可以把你娶回家，想當初你家安神還是我幫忙的耶，而且算命的都說我這輩子一定會結婚有小孩的，前面最難的我都過了，這次我很有信心，我一定可以成功的，你等著我。」

「好，我等你喔，記得我交代的事情要做，別偷懶。」

「我看是你比較偷懶吧！」

「你才偷懶了，我可是每天都準時起床孝敬阿伯的回家，睡前都有照規矩。」

「是、是、是，我照辦。」

過幾天後卡爾突然跟阿梅說：

「我昨天有作夢喔，情景是我在一間廟裡，然後我自己在那裏求神明幫忙，特別是夢中有地藏王菩薩和媽祖都在正殿，然後我拿到三個聖筊，就醒了。」

「是喔，所以咧！」

「我很少作夢，這不是重點，重點是我既然會夢到媽祖和地藏王菩薩都在同一間廟裡，請問這是甚麼意思啊，幫我解一下。」

「你最近有沒有聽我的話，早上起來乖乖念經迴向阿！」

「有，我每天都早上六點起床念經了，還照你說的迴向給我自己和地藏王菩薩。」

「……我覺得，你的祈求可能有回應了因爲你有念經，所以，想讓你一次處理完畢。」

「眞的喔，我就說，你一定是嫁給我的，看連菩薩都來幫願意幫我。」

「哪是阿，少往自己臉上貼金了。」

「不信你自己問你家菩薩是不是，看你敢不敢問。」

「問就問，我才沒在怕，我又沒做虧心事。」

「等一下一起回你家，你就直接問。」

「不對阿，是你要請菩薩幫你，所以你自己問，我頂多教你怎麼問，我問就不一樣了，我才不上當。」

「好，我明天下班把東西準備好帶過去，晚上就去你家直接問，反正差一天而已，結果都是一樣的。」

「隨你，若不是可別叫我幫你求菩薩，這是有規矩的，該你做的，我是沒法替代的，不然還要我幫你扛業障，開玩笑，又不是我爸媽，我可沒有天生就欠你的。」

「是、是、是，梅梅老師教訓的是。」

「還有，我家菩薩是家神，沒有給外人問事的，所以祂不一定會理你，這就看你的造化了。」

「啥，那你一定要幫我啦，我不管，我不管。」

「你怎跟小孩一樣，開始耍賴啦，這我可是做不了主的，我們家的阿伯和諦聽，可是很有個性的，又不是我想怎樣就怎樣的⋯⋯，反正到時候就看著辦吧，見招拆招囉！

「你喔，嘴上說歸說，心裡還是捨不得吧！」

「你眞的是，這種事不能說，說了就沒用了，我之前不是提醒過你，又忘記了，好事就悶聲等著把它接住就好，大聲嚷嚷是會消失的。」

「對喔，我立刻閉嘴、不講了，遵命，梅梅老師。」

「知道就好。」

隔天晚上下班後，卡爾眞的依約到阿梅家並將供品全數準備妥善。

「好，我先來上香，稟告一下關於你夢境的問題，看看阿伯的意思。」

於是阿梅將卡爾那天夢境內容跟菩薩稟告後，等過了十五分鐘左右，也差不多可以問了，阿梅就先問說：

「菩薩阿，弟子的男朋友卡爾前日做了一個夢，想請菩薩指引是不是跟他的姻緣有關，若有關，請給我三個聖筊。」

叩，蓋筊。

「梅梅，你問錯了，是你跟我的姻緣，不是我個人的姻緣。」

「好，是不是我跟卡爾的姻緣有關係，若有關，請給我三個聖筊。」

叩，笑筊。

「你看，我可是照你的要求內容去問，結果就是沒關係吧！」

這時候卡爾氣噗噗又有點失望地說：

「怎麼會這樣，不對、不對、一定哪裡不對了，你說過這是你的家神，所以一定是問的方式不對，重來。」

「拜託點好嗎，是你自己想問的，現在得不到你要的答案，就要求重來，別開玩笑了。」

這時卡爾拉著阿梅說：

「梅梅，我知道你一定有辦法的，你就發揮一下眞實的功力，讓我看一下，幫我這個可憐人好不好，我知道你最善良了，就再幫我一下。」

「我哪有甚麼神奇的辦法，頂多就再換個方式問而已，看看菩薩願不願意搭理我，我說過，我家阿伯可是很有原則的，這樣啦，你把那本經書拿來，等一下我先跟阿伯在稟告一次，然後自己把第一章念完迴向給阿伯和諦聽，看看有沒有用。」

於是阿梅就自己向菩薩稟告卡爾的夢境，請菩薩指示，是不是有甚麼想交代的，然後就讓卡爾在神桌前乖乖把那篇經文念一遍，約過了十五分鐘後，換阿梅上場。

「菩薩阿，卡爾那個夢，是不是您有事要交代，若是，請給我三聖筊。」叩叩叩，眞的是三聖筊。

「那是跟我有關的事情嗎？若是請給我三聖筊。」叩叩叩，眞的是三聖筊。哇，原來是阿梅的事情！

「可是作夢的不是我耶，難道是你託夢給卡爾，請他去辦有關我的事情？若是，請給我三聖筊。」叩，蓋筊。

「卡爾這個夢，是卡爾個人必須要去完成的事情，不是你託夢的，若是請給我三聖筊。」叩叩叩，眞的是三聖筊。

「卡爾，菩薩說不是他託夢的，但是你要處裡的事情。」

「不對啊，我應該判斷沒錯才是，怎會這樣呢？太奇怪了！」

「梅梅，可以幫我問說要幹甚麼事，誰託夢的。」

「我頂多問要處裡甚麼事情而已。」

「菩薩，卡爾這件事情需要我一起去處理嗎？若要請給我三聖筊。」叩叩叩，二聖筊，一笑筊。當下阿梅遲疑了一下，這是甚麼意思啊，難道要一起去但還有其他的要素？這我怎麼知道阿！於是阿梅就分析一下狀況。

「既然卡爾夢到的是廟，那就是我和他一起去廟裡處裡對吧？若對，請給我三聖筊。」叩叩叩，三聖筊。

「請問是要回地藏庵處理嗎？若是，請給我三聖筊。」叩叩叩，三聖筊。

「請問還有沒有要交代給我的事情，若有請給我聖筊。」叩，蓋筊。

「好，弟子知道了，謝謝。」阿梅雙手合十，恭敬向菩薩行李後把筊歸位，轉過身跟卡爾說：

「你有空先跟我去地藏庵一趟吧！將事情搞清楚，反正阿伯說不是他託夢的；先前就跟你說，阿伯很有個性，他是家神，你還不是這家的一分子，所以就不會回答跟我無關的問題，我只能用旁敲側擊的方式，問出你到底發生了甚麼事情，所以，跟你想的不一樣，菩薩可還沒同意喔，是你要先把事情處裡完，再看吧！」

「蛤，不行，這件事情已經拖了一陣子了，反正明天是假日，就明天直接過去把事情問清楚。」

「有這麼急嗎？」

「對，就是這麼急，我本來想說，今天可以搞定的，說不一定今天就可以留下來，結果很失望。」

「齁，原來你是有所圖的，你不誠心，沒有照規矩來，難怪了，你的心思被我家阿伯看透了，動甚麼鬼心眼說。」

「我都準備好了，想說今晚我就可以成爲這家的男主人，你要不要可憐我，人家已經等很久了⋯⋯」

「就是你這鬼心思，結果『甲緊弄破碗』活該，被懲罰了，很抱歉，阿伯不同意你留下來，請回吧，明天見。」

阿梅就讓卡爾先離開了，並將家中收拾一下，上樓洗漱準備就寢，然後躺在床上，想著，原來阿伯知道他的心思，基於保護自己的立場，也知道有些事情還沒處裡妥善前，就是沒法答應，這時阿梅心中只對於菩薩更加尊敬了，更相信祂永遠都是替自己著想著。

隔天一早，一通電話鈴聲把阿梅吵醒，原來是卡爾來電已經在樓下等了，看了一下鬧鐘，時間才八點半，這麼早，廟也沒這早開門吧！既然都醒了，就儘快整理一下出門去。

「你是怎樣了，明知我沒這麼早起床，幹嘛這麼早來吵人？」

「我急阿！」

「你自己昨天急撲撲的，結果如何，就跟你說過，一切要按部就班，你昨天心懷鬼胎，被阿伯發現了，結果怎麼樣了，沒得到教訓阿！我認為就是你個性急，阿伯要你修煉一下，逼你不能急，不然甚麼都沒辦好，適得其反。」

「這不就是我被逼到了嘛，不然我之前也沒想要怎樣的，你沒答應，我哪敢越雷池一步，很怕被懲罰。」

「是阿，你算很尊重我的，不像很多人一樣，一但當男女朋友就要求一定要性生活和住在一起。」

「我自從與你交往後，我都很乖的，時候沒到就沒敢開口，我本來想說，等確定你要嫁給我，我們再來就好，畢竟還是要對自己的行為負責任，也要對你的身體給予尊重和負責。」

「說實話，我不是沒想過這個問題，畢竟人都有生理需求的，不管男人或女人，只是我覺得你沒開口，我也就當算了，總不會是我來開口吧！既然你昨天開口了，我也沒有那麼古板，一定要你負責給承諾，只是你昨天也看到我家的阿伯，根本覺得時候未到，所以等今天事情問清楚後，我再給你答案好了，反正總有一天要面對的吧。」

「那等一下就先把正事辦了，這件事就等你今天拿到他們的同意後，就可以去做了，不然啥都沒有了。」

到地藏庵廟門口之後，阿梅和卡爾準備了一些供品，旋即轉身入廟將供品安置妥當後，點香參拜，拜完天公後，走向正殿，阿梅就發現到正殿旁邊有一尊媽祖，上面還寫著來自於平常阿梅拜的那間廟，原來夢境就是這個，卡爾也發現了，就跟阿梅說：

「你看，眞的跟夢境的狀況一樣，媽祖與地藏王菩薩都在正殿。」知道之後，就趕快完成廟內各爐室的上香，再回來前廳，重新點起三炷香向菩薩稟明今日來意。過了一刻鐘之後，阿梅和卡爾就往正殿方向前進，卡爾並拿取了神筊，然後念念有詞，阿梅就跟在旁邊。

「親愛的菩薩，我知道我昨天在梅梅家冒犯了，但是我是眞心的想娶她爲妻，只是他說之前向你和媽祖做了一些承諾，必須要你們同意才可以，還有他要問阿公這件事怎麼辦，而且我阿嬤年紀大了……，前幾天我夢見你們了就像今天的情景，所以是你們願意幫助我對不對，若是，給我三聖筊。」叩叩叩，三聖筊。

「梅梅，你看菩薩願意幫我們耶！」

「你不是要問託夢嗎，怎麼講的不搭嘎？」

「不用問了，都看到了還問，誰托的不重要了！」

「那你要不要問他要怎麼辦？」

「那這要怎麼問阿？」

「你就問菩薩，是不是在這裡一次把事情給辦了就好，若是就給三聖筊，會不會。」

「好就照你說的念一遍：請問菩薩是不是在這裡一次把事情給辦了就好，若是就給三聖筊。」叩叩，一聖筊，一蓋筊。

「怎麼這樣！」

「不急，你問菩薩是不是要我倆一起把事情給辦了。」

於是卡爾再問，結果叩笑筊。

「好啦，我知道了，我自己來問，看來還是逃不了！」卡爾很狐疑地望了阿梅一眼，然後阿梅就說：

「菩薩，我想結婚了，可是我沒法進去阿公家，問阿公答不答應我嫁給卡爾，而且我之前也承諾過媽祖，會一輩子都遵照我之前承諾的事情努力行善積德，在網路上盡我知所能，來協助信徒解答疑惑，並且幫助偏鄉的醫療，我並沒有忘記，只是這條路是一輩子的，我也需要有人在背後的支持，一個人走實在是很辛苦，幸好卡爾都能體諒也願意配合，所以若是可以的話你就幫幫我，昨天在家裡的結果，和稍早您的回應，我大概知道您的想法，是不是考驗我，我是否已經準備好要嫁給他，如果是，請給我三聖筊。」

叩叩叩，眞的就是三聖筊。

「梅梅，你還眞神，你既然知道菩薩的想法。」

「問完再說，別打岔。」

「菩薩，我想我已經準備好嫁給他，爲他們家傳宗接代，做賢妻良母，孝順公婆，雖然不確定能不能生的出來，但我不會去逃避，當然出差比例也就不能那麼高了，這部分我想您一定會爲我安排妥善，我想請您和媽祖爲我們兩個做主。」

「卡爾，來跪下，跟著我念：請菩薩爲我們做主，跟著我做。」於是阿梅和卡爾就跪著向菩薩和媽祖各叩了三個響頭。

「再來，繼續喔……趁今天您與媽祖都在地特別日子裡，弟子我再次拜託你幫幫我，菩薩你可不可以幫我問問我阿公他老人家滿不滿意我挑的外孫女婿。」於是阿梅從皮包內拿出阿梅的阿公生辰八字和往生時辰還有牌位地址，直接唸給菩薩聽，請菩薩幫忙。

「可以起來了，我先把這紙條放在供品，等個十分鐘再來問菩薩吧。」在等候的過程中，卡爾竊笑著說：

「原來你是想嫁給我的，還在裝！」

「我一直以來也沒說不，只是要得到同意才行。」

「之前還說，要我去問，而且早上你還說是我急，根本就是菩薩在等妳自己來開口。」

「才不是勒，我只是想說，你之前不是自己也來問過，有答案嗎？」

「我每個月都來，都沒有結果，也不知道怎麼回事……」

「你怎麼沒說？」

「太丟臉了，每次都被菩薩拒絕，所以我昨天就想說管他的，生米煮成熟飯，他也拿我沒轍，所以……」

「所以昨天幹傻事了！」

「虧你還說自己聰明，看來也是個糊塗蟲，我跟你說過，阿伯是很精明的，別以爲你動了鬼心思他不知道！」

「哪是啊，根本就是……哎呀，都是你不好，你自己的事情還要我去問，要我啊。」

「沒有阿，我本來是想說，既然你那麼想娶我，那就你來問就好，只是昨天這一鬧，我大概知道了，菩薩可能在等我表態，也對我向來都沒直接向菩薩表態我想嫁給你這件事，再者，剛剛你問都沒有，所以，最後還是要我自己來辦，畢竟是我承諾的，要自己來兌現，其他人都沒用。」

「你知道就好，別每次都說我做就好。」

「好啦，差不多了，可以去問了，走吧！」

於是我們又走回正殿，拿著神筊在前面跪著說：

「信女請菩薩爲我和卡爾做主，因我們實在沒法回阿公家去確認阿公的想法，所以請菩薩幫我問一下我阿公是不是同意我嫁給卡爾，若同意就給我三個聖筊。」叩叩叩，兩聖筊，一笑筊。

「菩薩請你跟我阿公說，請他放心，卡爾對我很好，也很照顧我，請您放心，到時候我們確定結婚時間，一定會回外公家請阿公吃餅的，其他的事情，也請阿公不用擔心，我已經長大了，我們會把婚事處理的妥當。若同意就給我三個聖筊。」叩叩叩，三聖筊。

「卡爾先生，恭喜你，我阿公同意了，只是到時候還是要回我外公家報喜送餅就這樣，趕快謝謝菩薩。」卡爾馬上照做，叩頭感謝菩薩。

「後面要看菩薩和媽祖了，反正可以的話，今天就一次全部處理掉，繼續。」

「菩薩，我們兩個都已經準備好了，趁今天媽祖也在，就請你們爲我倆未來的人生做見證，我願意嫁給卡爾，換你說。」

「我願意娶梅梅，我們家人都同意。」

「我，梅梅，因父母已雙亡，也沒有族中長輩可以詢問，只能請菩薩和媽祖爲我做主了，懇請倆位神明給予我們祝福，我相信我們一定會很幸福的，懇請答應吧！」叩叩……，兩聖筊。

「卡爾會不會緊張？就差一個了，現在要後悔還來得及。」

「我不會後悔的，你擲出去吧！交給神明了。」叩……筊轉了一轉，一個停了是陰面，另一個好像暫停一了下，就出現陽面囉。

「神明答應了，就這樣，來，叩謝神恩，記得你自己答應神明的事情要做到喔！我是不知道你到底答應了甚麼事，不然，神明最後還要故意考驗你一下！」

「哪有阿，三個都很順的！」

「你騙別人還可以，我是誰，又不是看不懂剛剛最後一個好像暫停一下的意思，自己講到底幹了甚麼事情。」

「沒甚麼事！」

「不講喔，沒關係，早上說的事情就取消了，等一下各自回家睡覺，我可是被你吵醒來廟裡問事，消耗太多了，不行。」

「還有，你沒跟全盤託出，我剛剛擲筊的時候，感覺到你有隱瞞……」

「跟你說也沒甚麼，就是跟你一起做之前你答應祂們的事情，和繼續乖乖念經……」

「還沒講完喔！」

「結婚以後住台北，不用搬回雲林住，一起拜阿伯，就這樣。」

「眞的？」

「眞的啦，就這樣，我哪敢騙你，遲早會被發現，而且在廟裡不能說謊的，說謊會出事！」

「知道就好，好啦，等一下把東西交給廟方處理就好，我們都不帶回去了，做功德，算簡單報答一下神恩，等你回家確認後，我們再來正式酬神。」

「喔好！」於是卡爾將供品依照廟方指示進行處理之後，這兩人就離開了。

「梅梅，你終於要嫁給我了，我先打電話回去，請爸媽安排，你這邊有沒有甚麼規定的？」

「我父母都不在了，姊姊也嫁了，所以一切從簡，就看你們家吧，提親的話，你已經跟神明提親了，這樣子就好，其他都免了，那些繁文縟節的能省則省吧，只是你以後馬上升格成姑爺爺了，別忘了我大陸還有親人，我姪子都有孫子都出來了，說不一定再過幾年我們就更升一級，我不知道他們要怎麼叫，反正就是輩分很大。」

「媽，我卡爾阿，你跟阿嬤說，去請師傅挑個日子辦婚禮。」

「好啊，要不要先辦訂婚阿！」

「我跟梅梅討論過了，就一起辦。」

「我們要甚麼時候去提親阿！」

「梅梅這邊說，不用這麼麻煩了，只要時間挑好去跟舅舅、阿姨告知就可以了。」

「會不會太沒禮貌了？」

「不會啦，我們都搞定了！」

「好知道了，會跟師父討論後再跟你說。」

「我已經跟我媽說好了，沒問題的，剩下就等你這邊看還有沒有甚麼問題。」

「等一下你想去哪裡，我終於可以把你娶回家了。」

「我聽說往南方不遠處有個新開店很不錯，要不要去嘗試，反正就當慶祝我們脫離單身了。」

「好，就去你說的地方，沒問題，等一下就中午了，先找個地方補充飢餓的肚子，我可是功力消耗大半，要請卡爾先生找地方停車吃飯。」

於是阿梅就在車上中小憩半刻，卡爾就開車找一個方便停車吃飯的地方，沒多久後，我就醒來，原來阿梅睡了一個小時，張開惺忪的睡眼，然後看著卡爾

「你怎麼不叫醒我？」

「我看你眞的累了，就讓你睡不吵你，早上你應該很花體力和心力，所以就先讓你好好休息一下，反正等一下再吃沒關係的。」

「謝謝你的體貼，我餓了，請問卡爾先生可以去吃飯了嗎？」

「有，餐廳就在前面，我查了一下，有賣你喜歡吃的東西。」

「好，我們就去吃，吃完了有體力，想幹嘛我們就幹嘛，反正我今天後面時間都留給你了，這樣總行了吧。」

「好、好、好，我們先去吃飯，邊吃邊聊，看想去哪裡，不知道你今天可不可以不回家！」

「先去吃飯，眞的餓了！至於去哪，你先研究好我們再來討論。」

於是這兩人就進去餐廳，點了阿梅喜歡吃的焗烤和燉飯，吃完後，發現這家餐廳生意很好，即便過了用餐時間，還是高朋滿座。服務人員也很機靈的快速帶我們去空位坐下，並且解釋一下點餐流程：採用桌上電腦自助點餐，減少服務人員打擾到客人用餐，並且可以更明確了解客人的需求與喜好，提供最合適與舒服的用餐環境。

圓房，一個古老的說詞，但很好，因爲男女最終須在閨房裡，才能達到身心靈的結合與圓滿，這也說明了性愛的最美好，必須基於雙方身心靈的成熟與相互配合下，達到雙方都滿意的結果，進而助於提升雙方感情；但由於阿梅與卡爾雙方都保對於婚姻價值不僅僅限於性愛關係，尚需有共同的目標，經營雙方在一起的價值和重要性，而性必須基於雙方對於家庭有共同目標與價值下的附加行爲，而不是以性爲主而再去搓合雙方共同的目標與價值，就像之前阿梅姊姊與朋友問過阿梅說，覺得卡爾是一個怎樣的人，其實我們是基於有共同信仰下建立這層緣分，除此之外，我倆都願意給予對方一定自由與空間，並堅信誠實與關愛才能讓我們的未來長長久久。曾有一位老哥哥說過：

「沒有人是完美的，人都有缺點……，談戀愛的時候都看對方的優點，你會忽略或合理化對方的缺點，可是這樣是不對的，因爲現在的缺點，在將來的婚後更不能接受，所以要思考到底那些缺點是你不能接受的，不知道的話就看你男朋友有那些缺點是你爸爸有的，而且你其實是不能忍受的，只是自己害怕失去對方就委曲求全⋯⋯，婚前原本這些缺點，婚後只會變本加厲，以後你更不能忍受了，我就是一個活生生的例子⋯⋯，還有，男女交往最重要的事情，是有沒有共同目標與生活信仰，我本以爲愛是可以包容的，但是最終還是不行，只能漸行漸遠，我拜拜，他哈里路亞上教堂，家裡要祭祖，他說迷信，搞到都快離婚了，只能說很多事情，是沒辦法靠愛去解決的，畢竟兩個家族的事情，所以這些最基本的、最深層的事情才是要好好去面對⋯⋯，對了有一件是要提醒你，若有交往對象，一定要去看對方爸爸和媽媽，爸媽的缺點，就是他天生帶來的缺點，看不清楚他沒關係，看他爸媽，相處與用餐最明顯了，若有阿嬤那就更準了。」

這時阿梅想想也是，沒錯，我和卡爾各自都有很多缺點，只是這些缺點其實就跟自己父母的壞習慣差不多，老爸的缺點，這也沒甚麼大問題，反正跟老爸生活這麼多年了，也就習慣了，其他的——他不菸、不酗酒、不賭、不嫖、不打罵老婆，其實想想老爸也很疼老媽的，想想卡爾，好像跟他也差不多；或許就是因爲如此，所以也就答應他的求婚。

車子來到我家門口後，阿梅就說：

「你今天表現都很棒，不論是廟裡還是床上，我很滿意也很幸福，謝謝你，我今天會跟阿伯說這件事，看看你何時可以先搬進來，若祂沒問題，你自己找個時間先準備吧！

但你還沒正式搬進來前，就只能在外面做喔，等你搬進來以後就在家裡就好，有些規矩還是不能破的。」

「你願意讓我進去住了，然後在你的閨房……」

「既然我們要結婚，所以也應該是時候，準備迎接男主人的到來，你租屋處不是也快到期了，記得去跟房東說到期就不續租了.所以就這樣辦吧！」

兩周後，阿梅收到卡爾通知，預計婚期的時間，爲了完成卡爾阿嬤的心願，也能滿足卡爾爸媽第一次娶媳婦的面子，和卡爾台北租約等，阿梅和卡爾決定先去登記，滿足卡爾阿公對年時間與租約，婚禮就配合喜宴時間選擇在登記後半年再來舉辦。」

確定時間後，阿梅和卡爾就依例，先去跟阿梅父母靈位祭拜報喜；然後再找時間回阿梅的外公家向長輩們報喜，沒想到舅舅主動請我帶著卡爾向阿公報喜；

「你是阿公的孫女，終於要結婚了，一定要向阿公報喜的，讓阿公替你高興，不用擔心沒人照顧妳了。」

因喜宴還是需要有女方主婚人，所以阿梅就邀請舅舅當主婚人，他們也很高興興然答應了。

在當年底前，阿梅和卡爾完成結婚登記，阿梅成爲正式卡爾太太，卡爾也成爲這問房子的男主人，當天阿梅和卡爾也完成眞正的圓房。

登記完後阿梅和卡爾開始準備婚禮所需的一切，沒想到婚禮準備可是個很辛苦的工作；從試婚紗、拍照、選喜帖、挑禮餅、喜宴菜色、婚禮流程、送餅順序、送喜帖順序……，想說很多能簡則減，還是有很多繁文縟節要執行，難怪很多人說，準備婚禮是最容易吵架的，因為要耐煩，想想以前人採古禮結婚，是多麻煩的一件事。

終於快到婚禮的日子，前一天阿梅與姊妹濤們住在飯店裡過最後單身的日子。婚禮的當天，卡爾來飯店迎接阿梅，阿梅開開心心的上禮車，嫁進卡爾家，向阿嬤、父母、祖先們問好，直到晚上宴客完畢後，阿梅和卡爾終於完成所有程序，也得到所有關心自己的親友的祝福，當天晚上，阿梅有感受到菩薩和媽祖有特地來祝賀，從此以後阿梅夫妻倆就相互扶持雙方的心願與努力共築美好的未來。

阿伯送上的第二個禮物——長期穩定收益建立

話說由於卡爾於之前在地藏庵中，自己許下了一些承諾，既然已經承諾了，阿伯也幫他完成了心願，終於把梅梅娶回家了，所以卡爾也要兌現自己的承諾了，故阿梅夫妻度蜜月就選擇在台灣，去台灣主要幾個鄉間走走，這次我們選定了宜花東，宜花東號稱台灣的後山，後山有好山好水，但是也有大多數城市人不知的哀愁——醫療不均的問題；雖然政府與許多國內外善心人士努力在這美麗的後山，然多年來，問題並沒有被解決，只能說燃眉之急易解，但長期結構性的問題，卻須從政策上根本解決。

錦上添花易、雪中送炭難，導致許多原本立意良善的政策最終淪爲政治祭品，使得政策無法有效落實或爲達選票功效。所幸，台灣人的善良與民間的默默支持的力量；阿梅感於這種情況，曾因梅梅的母親身體狀況，而自發願祈求媽祖進行交換；既然媽祖讓阿梅的願望得以實現，當然承諾也必須兌現；所以多年前阿梅就開始了解台灣各偏鄉醫療狀況，結果，媽祖的期望，先在最需要、台灣最偏遠地區，著手關心相關議題，以提供必要性的支持與協助。

阿梅深入了解醫療匱乏區之後，感觸良多：「發現這些地區在醫療方面本就有先天不良的部分：因地屬於偏遠，交通不便，導致產業發展受限，進而使得年輕人口外流嚴重，使得居民多為老人和小孩。因此在這種螺旋發展的關係下，使得居民連生病和看病都要跟運氣搏鬥，而且這並非僅限於單一個地方，而是台灣所有醫療偏鄉都面臨這樣基本的困境，實在須政府與民間通力合作，並建立都市與鄉村共享共榮目標，才能使居住在台灣這片土地的人均可安居樂業的美好生活目標。台灣居民，多數人對於自己出生成長的家鄉，是有很親密的情感連結，特別是晚年落葉歸根，在地養老，成為各地偏鄉老人心中一直期盼的願景，然而要達成晚年在地養老的第一步是要在各地建立完整的全人醫療與照護體系，但台灣醫療資源，城市與鄉村分配不均，是長期以來的問題，而且偏鄉內許多醫師，近年也面臨後繼無人的窘境，使得偏鄉醫療困境更是雪上加霜，若不是真的親自去各區探訪，實在很難想像，在台灣擁有全球稱讚的全民健保，全世界有目共睹的優質醫療品質與照護體系下，竟然還有這些狀況，這是居住在城中內，享有便利醫療服務的人，完全無法想像，然而這些問題，一直以來都存在，只是很多人選擇視而不見、習慣就好，持續的自我催眠。」

媽祖交付給阿梅的第一項任務地區，位於台九線最南端，這個地方，它擁有最原始與質樸的自然生態，但卻有難以想像的醫療困境——當地的居民需要醫院看病時，醫院在離住家車程接近一小時的市區醫院，看病路遙遙，所以造就當地人只能樂天知命：大病交給天，小病交給人的知天命的無奈感。面對此問題，當地雖有設立巡迴醫療服務，來解決當地基本醫療服務，但巡迴醫療服務，現實上依然無法眞正取代在地養老所需要醫療服務。雖然政府有提出相關配套模式，當碰上緊急危難時，當地居民只能先送達最近的緊急醫療救護站，礙於緊急醫療站的人力、環境設備限制，一旦有緊急狀況發生，緊急救護站到最近的急診醫院，車行距離都超過30分鐘以上，實在緩不濟急。因此當地居民長期期盼能有一間整合性，並且可以提供全天候醫院。

開醫院必須要有醫護人員，對醫生而言，目前願意在偏鄉行醫的醫生，最終都依靠自身的對於行醫的信念，而非投報率計算，這種需要靠自身動力、悲天憫人的堅持，畢竟是少數人，因此經過幾十年此地區醫療資源仍匱乏。因此，阿梅也看到這現象了，了解媽祖的用意，設法找尋有效的方案。

阿梅經過明查暗訪一段時間後得知，當地84%的居民爲原住民，就當地居民而言，雖政府有提供定時定點的巡迴醫療服務，確實縮短了交通距離上的障礙，可是就醫時有著除了看得見的距離上的障礙，還包含看不見的文化上的障礙，也使得立意良善但成效有限，雖支援醫師醫學素質，臨床經驗都佳，但對於當地醫療貢獻也是杯水車薪，畢竟只有在地化與本土化才能有效改善現在醫療品質的問題。

看來要解決台灣偏鄉醫療是一條崎嶇漫長的路，媽祖既然要阿梅既然去改善，而且阿梅也已經選擇了這條沒有回頭的道路，或許將會經歷許多障礙與困難，所幸阿梅的運氣很好，前期的過程中，遇到困難都有能找到出手相助的貴人給予必要的協助，打通困難關節，如今又有卡爾加入，共同努力，使得走在這條道路上並不寂寞，相信也可以成爲阿梅最強而有力的後盾。

今天阿梅與卡爾就直接坐火車到台東展開她倆的蜜月之旅。

七月天實在是很熱的天氣，往台東車上可以看到湛藍的海，有心曠神怡之感，但是一開車廂門就馬上回歸酷暑的現實，所以一下車就乖乖先躲回飯店把行李先安置，並躺在床上跟卡爾說：

「明天要去當地，上次我自己去坐車到最近的火車站，就要40分鐘左右，然後租了一部車到每個部落的衛生站去逛逛，齁，山間路並不難走，但導航都找不到，所以你還是要先用功研究一下，畢竟你不是上次那位老司機，人家可是當地人，自然不會迷路的。」

卡爾看了一看，研究了一會，然後說：

「你確定醫療站是在這個深山內裡嗎？地圖上沒路耶！」

「沒騙你，我這有圖有眞相，有的是在學校旁，有的在教會旁，還有一個好像是里長家旁，反正是確定的，台東衛生局上寫的，跟我給的一樣，不偏僻別人都做好了，也不需要我們，就是因爲太偏僻了所以才要我們一起努力，證明我們是玩眞的！」

「你怎麼沒想過搞別的行善，這個太難了吧！」

「我又不是只有做這個，捐錢認養，我也有做，只是這件事不是我能選擇的，你也知道的，我後來有想通，爲何媽祖會選擇偏鄉醫療這個主題，你知道『正德利用厚生惟和』吧！這是取自《尙書．大禹謨》中，其說明萬物是相互影響的情況，經過各地明查暗訪我得到一個心得：醫院設立的本質是要爲解決鄉民的病痛與謀求身心健康；醫師與醫院將本著誠意正心、以人爲本的態度來經營，順應人們需求，使醫療過程中取得身心靈的平衡；在醫院追求發展的過程，善盡醫院被賦予的社會責任與義務，促進醫院發展與當地文化和諧共生的道路，以促進當地安生樂業繁榮機制；所以醫療是根本，要先把本顧好才能求發展，不然沒人想回來；沒人更別提發展，我可是有想得很清楚了，畢竟我不是念醫的，也沒那麼多錢可以辦醫院，所以能做的就僅僅幫當地多要一些資源而已，其他的我也不會，你呢，這幾天就辛苦當一下司機吧！反正你都答應了，要好好做，會有好事發生。」

「會有好事，我看妳都很忙，自己出錢又出力，還被人家嫌多管閒事，這樣會有好事？」

「我認爲這些都是過程而已，我之前已經完成第一步了，結果眞的有讓我存到一些錢，不會再像以前一樣當月光族了，這個好事很實際，我是一個存款沒增加，會沒有安全感的人，所以有認眞做好事，就會有好事發生，這是好的循環，所以花錢就當投資，結果會得到更多，何樂而不爲之！」

「怎麼可能？我也都有做，但是最後錢都不在我這邊，騙人的！」

「哎呀，你沒做對，若是捐錢有用，那所有人都捐錢就好，幹嘛要努力，重點在：一、認眞做對這片土地有益，二、眞正造福當地人，建立可永續的機制，三、無私付出，不求回報，四、每一步驟都有落實執行，努力不懈，五、孝順長輩，友愛晚輩，不陷害同輩；只要一個字做不到位，啥都沒了；請問卡爾先生你做到哪幾個？」

「我都有乖乖照做，應該都有做到！」

「哈哈，這是你說的，不是被神明認證的，所以就沒有，我可是每一步都要被認證的，不然我晚上沒有好覺可睡，一直作夢可是很累的，所以我想好好睡覺，就得依照祂們規矩，乖乖的每一個細節都做到，這就是你跟我的差別。」

「哪是阿，你有時候根本就沒做到位，騙誰，最偷懶的就是你！」

「這你就不懂了，有些事情與解決問題是要想清楚，只是想清楚要很久，我只是花很多時間想清楚，又不是沒做，想清楚就會去認眞做。」

「應該是被修理才乖乖去做，對不對！」

「討厭拉，知道還講出來！」

「我就知道，不然你怎會願意乖乖努力做，一天到晚想偷吃步，可是沒得商量，被修理了！」

「別只說我，既然你選擇娶了我，又答應了一堆事情，我就等著看你以後會不會！」

「我比你乖，所以才不會，等著看，誰才是阿伯心中的好學生。」

「好，我等你變成模範生，然後我就當閒閒沒代誌的貴婦喔！」

「你，沒那個命，只有勞碌命，所以認眞一點，我會替阿伯好好盯著你。」

「哼，生氣、生氣，不理你了。」

「親愛的老婆，別生氣了，反正就一起努力、盡力做就好，別跟我一般見識了，你最棒了，我也沒法取代你或阿伯的功能，所以還是要靠你了，沒有你來領頭，我哪可以。」

「嗯，可以，這才是人話。」

「那我們來討論一下明天行程，而且看樣子，附近很難有地方可以吃飯，所以中餐也要研究如何處理。」

「上次我是帶著麵包、泡麵、水，當作去登山，現在不知道有沒有好一點，當時山下學校附近是有地方可以吃飯，只是我一個人就沒去。」

「看起來，要帶些食物保險點，避免到時餓肚子，等到逛完後再回市區用餐，所以等一下去吃完晚餐，先去買些東西，以免明天沒地方買。」

「好啊，晚一點下去吃晚餐，吃完再出去逛逛。」

「遵命，老婆。」

……

今天阿梅與卡爾依照之前的路線重新探訪，各部落的巡迴醫療站位置與狀況與當時並無二致，只可惜今天只有一個部落有開診，其他的都沒有開門，開診的醫療站，前往的人潮並不多，大多數還是以老人為主，若是有需要入院治療者，醫生還是會勸這些老人家到60公里外的醫療院所去進行治療，只是聽到要到60公里醫院，老人家沒交通工具，看病還須請家人請假陪同，重點是，很多老人家的孩子都不在身邊，所以老人家去醫院看病路遙重重，更多是選擇放棄醫療機會，喪失能有效治療的機會，造成到醫診治時，已經變成不治之症……

阿梅夫妻離開已經是中午之後，路上還眞的沒甚麼地方能吃，幸好有事先準備好乾糧，等到下山後再去大武吃個便餐，大武是個漁港，有好吃的海鮮，從海裡剛撈上來的海鮮，眞的是鮮，再配上個山野食蔬，簡單的餐點，有城中吃不到的鮮味，若有機會下次還來一定要再吃上一回，此種簡單的美味。回程，阿梅夫妻就不疾不徐的悠悠哉哉的欣賞東部海岸公路上沿途的美景，累了就找地方停車休息，看看台灣美麗的東海岸，聽聽海浪拍打礁石滔滔的聲音，這都不需更多語言，僅需倆人緊靠著安靜欣賞這老天給予的禮物，也讓自己可以沉靜於不一樣的悠然感受。

回到台東市已經是下的三點多的時間了，阿梅夫妻進飯店先梳理一下，晚上再與當地朋友仕紳一起聚餐，了解一下當地目前狀況，結果發現有一位朋友竟然是卡爾的同學。

「台灣這個地方還眞小，沒想到在這裡還能碰到同學。」

「對啊，世界並不大，所以不能幹壞事，一不小心都碰到認識的人。」

「這次我跟我老婆一起來，去你們最南部哪個地方叫甚麼來的？」

「大武嗎？去走阿朗伊古道，風景不錯只是這時候還是很熱的。」

「沒有，我們去台東大武再下去當地幾個部落逛一下。」

「鄉下地區和都市不一樣，特別是那些地區更需要靠鄰居相互幫襯著，不然臨時有事情，找不到人的，所以人情味會很濃厚，只是你這外來客，怎會去逛深山部落，那裏又沒有觀光景點。」

「是我老婆，他每年都會來當地這邊，去看看每個醫療站的狀況，看有沒有改善，以及當地居民就醫與利用的狀況，今年是我第一次陪她來的，沒來親眼看到，眞的很難想像！」

「這麼有心，這種事情只能說一言難盡，就算我在公部門，不屬於我的職責範圍，也沒辦法。」

「不會啦，上次請你幫忙給個案件建設的照片就很有用，我老婆很高興。」

「高興？舉手之勞而已，只是一片空地，我只是覺得得很奇怪怎會想照一片空地，後來去看了一下告示牌，那是緊急救護站的預訂地，沒錯這個建設，是當地很需要，聽說搞了很久終於下來了。」

「對阿，既然都拿到經費，也開了開工記者會，但是已經過了半年多，如今還是一片空地，很可惜，要快點進行相關工程，當地人已經等很久了，若可以也請你替當地人多盯緊點。」

「沒錯，當地人是眞的很需要，我有機會跟負責同僚提醒一下。」

「我老婆說，這個建設案，她透過很多管道，結合地方與中央各級民代與有心人，由下而上，之前花了很大力氣，才獲得補助案，所以總是希望能夠看到建設完成，開花結果，所以她只要有時間就往這跑，了解執行情況。」

「眞是有心了，台灣就應該要多一些這樣的人，相信一定會更好。」

「台東是你的家鄉，眞的有空要多關心一點，當公務人員，會比我們民間人士更有機會造福當地。」

聚會完畢後，阿梅夫妻就回飯店了休息。

隔天，阿梅夫妻於飯店用完早餐後就前往下一站花蓮太魯閣國家公園。

太魯閣國家公園，阿梅多年前來過，主要是參加馬拉松路跑，在這個地方舉辦路跑，既可徜徉在國家公園美景，又可以健身運動，只是這幾年，因個人事情與路跑活動時間都有衝突，也就再也沒有參加這個運動盛事，趁這次機會能夠再次回到這地方欣賞這美麗的地方，當天晚上住在國家公園內的飯店，阿梅夫妻到了花蓮新城火車站後，就先把行李放上在當地租借的車輛，然後再行前往國家公園各地區遊歷一番。從車站往花蓮太魯閣的路上，畢竟是暑假旅遊旺季，所以三不五時可以看到有遊覽車從身邊經過，感受到太魯閣對於遊客具有強大的吸引力；約莫35分鐘後阿梅夫妻到達太魯閣的路口處，看到了迎客牌樓，與多年一樣矗立在門口，迎接所有來訪的旅客，由於時間有限，阿梅夫妻就沿著東西橫貫公路往天祥方向順路遊憩，最先到的是太魯閣台地，站上觀景台，可以看到立霧溪入海的景緻，所謂大河入海並非波濤洶湧，而是徐徐緩緩平靜無波，與融入大海之中，代表文化的相互融合共生；再者，走在步道上，享受清涼的森林浴，迎面而來的微風，舒服暢快，忘卻盛夏的酷暑。離開台地後阿梅夫妻往下一站——長春祠。長春祠本爲紀念開闢中橫公路殉職人員所建立，這兩人就循著長春祠步道，沿著山壁小徑緩慢前行，步道一路陡峭向上延伸，第一站先到觀音洞，一陣從山谷吹來的涼風，舒緩爬坡的疲累，稍作休憩後，再往上到太魯閣樓和鐘樓，其中站在鐘樓居高臨下，俯瞰立霧溪曲折河道和峽谷，公路、車輛、遊人等呈現一個美麗景色，眞具特色，使得人忘記了時間。回程路途，因祠旁的長春飛瀑，可聽到潺潺流水飛瀑聲音，在這盛夏時節，實有消暑之感，讓人心曠神怡，也忘記旅途的勞累。

離開長春祠後阿梅夫妻往著名的布洛灣區前進，這裡有鬼斧神工的九曲洞，九曲洞最著名就是地質變化了，步道倚靠著高山深壑，下方依舊是立霧溪，這裡的溪水與前面入海的感覺完全不一樣，可以聽到水流湍急感，也是太魯閣峽谷最精華的路段之一，步道緊倚著高山深壑，向下俯瞰則是急湍的立霧溪水，溪水的兩岸緊鄰著陡峭的岩壁，大理岩壁上的斷層、節理、褶皺等層次分明、岩石上的植物墜落有次的在這地方努力的逆境生長，說明了萬物面對困境的自有生存法則；如此特殊的地理景緻，可以感覺得出當時東西橫貫公路開拓的艱辛，因爲這些先人的努力與拓荒結果，才能讓後人有機會看到這樣的美景，讓阿梅對於被奉在長春祠內的先人更多增加一分崇敬感，油然而生。

車子繼續往伊達斯廳的方向前進，前方就是著名的山月吊橋，月字形狀的橋杜，感受到被包覆之感，在這是一個觀察燕子口狹窄的大理石峽谷與布洛灣河階臺地的最好地點。在這裡阿梅夫妻稍作停留後就繼續往下一站天祥前進。

天祥是著名的河階地形，算是太魯閣中生活機能最完善的地區之一，一進入天祥，就可看到一間寺廟座落於立霧溪對岸的高地上，那是著名的祥德寺，古色古香的寺宇樓塔，周圍群山環抱。通過普渡橋，沿祥德寺步道行走，一尊白衣觀音像豎立於此、再上去有七層高的天峰塔，大雄寶殿外有一尊巨大莊嚴的地藏王菩薩，莊嚴地立於寺廟中間，據稱爲是目前世界高的地藏王菩薩，特別的是，菩薩旁邊的一座半身銅像，這樣呈現，給予旅人在旅途中給予安心的支持，還有闊葉林帶的鳴蟲、飛鳥、舞蝶，在林中穿梭，感受不一樣的風景。離開祥德寺後，時間也已經快到傍晚了，兩人就儘快往飯店前進，完成入住登記後，兩人也趕緊整理行李和換洗一番，準備樓下使用晚餐。

下來飯店餐廳用餐，阿梅跟卡爾聊著今天探訪太魯閣國家公園的感受：

「老公，太魯閣國家公園還是很漂亮，雖然９２１之後有些受傷，但是美景依舊，而且剛剛在祥德寺我看到地藏王菩薩時，有一種特殊的情感連結，總感覺他好像知道……。」

「你想太多了吧，別以爲看到了阿伯，阿伯和諦聽還是在家裡。」

「我的意思是說，好樣跟媽祖換手，接續照看著我們，繼續未完成的事情！」

「我認爲你眞的想太多了吧！」

「才不是，以前我去的地方很容易就有祭祀媽祖，這一次除了台東市我們特意去媽祖廟，再來就是遇到三次都是地藏王菩薩，雖然橫貫公路建設之初，死了很多人，或許地藏王菩薩在這裡有安定人心的意義，但我認爲這次旅行中不期而遇的機會變多了，應該就是冥冥之中自有定數，盡力而爲就好，其他的事情自有人會去搞定的，不用我擔心。」

「沒錯，盡力而爲，關於建設的事情，我看你應該還是有些事情要處裡吧，不然你不會說盡力而爲。」

「沒錯，醫生還是沒搞定，缺醫生很難處理，我知道他們想要醫院，但是當地養不起醫院，唯一的機會就是看看有沒有大型醫院要認養，只是我知道當地醫院自己都不夠用，哪有辦法認養，你想想台東市區最大的醫院也是從台北派醫生，自己都捉襟見拙，哪還有能力再去承接，幸好還有時間，但目前要先讓救護站先動工，蓋起來比較重要，都發包了，難道要放在那裏等錢被中央收回去嗎，然後再說中央不支持，這件事已經搞過一次了，沒力氣再來一次！」

「應該不會吧，聽我同學說應該是已經發包了，也報中央了，只是你說不開工，這個嘛應該是有其他問題，這個就不清楚了，你應該跟長官們提一下，我們有持續關心這個案子，請他們用功點，別以爲開個記者會就可以交代了。」

「我昨天晚上有寫信給長官了，還附上照片，就等哪天長官動作了，你也知道政府的制度要還是要依照他們的玩法去逼他們。」

「正如所說，不入紅塵怎解決紅塵事，想要改變紅塵只有紅塵中的人才有辦法。」

「唉呦，沒想到卡爾先生這麼有學問，講得出這們有哲理的內容，刮目相看！」

「我可是有正式皈依佛門的俗家弟子，聽師父宣講佛法很久了，多少也懂一些。」

「失敬，失敬，卡爾大師！」

「時間也不晚了，趕快吃一吃，回去休息了，明天還要往宜蘭方向走，明天晚上都跟人家約好了，不能遲到。」

「是的，明天就直接出太魯閣，然後去車站搭車，反正，只要3點以前到羅東就好，一定來得及。」

「難說，要看你起床時間，你比較會賴床。」

「再會賴床，也會餓阿，反正我不會睡過頭放心，出門準時，這個好習慣我可是有的！」

「知道就好！該上樓了，眞的累了！」

「好，差不多了，上去吧！」

進入房間整理一下，阿梅和卡爾躺在床上，可能是太累了，沒多久卡爾就呼呼大睡，阿梅也在他的打呼聲中慢慢地睡著了，等到醒來已經是隔天上午九點多了。起床馬上梳洗準備用早餐，到樓下用餐，因爲起來的晚，所以兩人就急呼呼地把早餐吃完，吃完後立即回到房間內收拾行裝，準備往下一站前進——宜蘭；雖然回程沿路上還是稍作短暫的停留一下，趕緊往車站前去，以免錯過火車；幸好，到火車站的時候，時間還來得及，等到火車到站後，阿梅和卡爾就依序上車，往宜蘭羅東的方向前進。

搭乘前往羅東的火車上，阿梅夫妻放鬆心情欣賞著外面風光，然後阿梅就跟卡爾說：

「你昨晚一下子就睡著了，搖都搖不醒，連被子也沒蓋，重點是你睡在被子上，完全拉不動，還好櫃子還有被子可以蓋，不然我們都會感冒的。」

「難怪，我怎麼覺得越睡越熱，睡到半夜被熱到醒來。這被子太厚了。」

「薄被被你睡著，你知不知道你很重，完全拉不動，所以只能將就拿櫃子內被子，我是覺得還好沒有很熱，就手不要蓋就好了，你昨天怎麼這麼累阿，嘻嘻，是不是太久沒運動了，昨天這樣總共走了幾個小時，算是最近運動量大？」

「才不是，就是吃飽了，看到床就想睡覺而已，昨晚睡得還不錯，雖然有醒來一下子，但還是很累又睡著了，只是沒想到再次醒來已經九點了，我很久沒睡這麼久了。」

「我是眞的累了，太久沒運動，腳好痠，所以就這樣一覺到天亮。」

「看來我們睡得都很好，這樣是好事情，唯一缺點就是今早很趕，怕來不及趕上火車，還好趕上了，等一下到羅東，我們自己先去飯店把行李放好，我再跟朋友確認一下晚上吃飯的地點，我這朋友很特別，是我軍旅的朋友，至今還有聯絡，本來婚宴有要邀請他們一家人來的，只是他的工作關係，當天要值班沒法過來，但我知道明天他特地陪我們在宜蘭遊歷。」

「我是有聽說過男人當兵的朋友，很多時候都會變成好朋友，患難見真情嘛！看來這是真的，女人是沒有男人這樣的軍旅朋友，有時候很羨慕你們男人的友誼長存，我啊，搬過家、又出國多年，這種朋友沒有了，雖然工作上有共患難，但沒法共富貴，離開學校還想要找到真心的朋友，算一算也就雙手的手指頭數一數還有剩，還真是悲哀。」

「你們女人就是愛計較，而且結婚生子後更難了，我們那些已經結婚的女同事，幾乎都是老公、孩子，沒結婚的談的也是沒營養的東西，不然就說自己的男人……」

「是你沒有認識，可以談有營養的女性同事，你自己的問題吧，怎會是女人的問題，齁，你歧視女性，被你同事知道準備被修理。」

「拜託，才不是咧，這你就不懂了，我去跟他們談有營養的東西幹嘛，又沒要做他的生意，也沒要追求她，只是要營造氣氛好一點，幹麻談一些嚴肅的話題，我只要跟你講一些有營養的就好這才比較重要。」

「對了，說道營養，我在想要建立一些可以長期穩定收益，以免未來有需要花大錢可以拿得出來，保險、基金、股票，都是要花很多時間選擇才能找到穩定收益的標的，這些還有跌價的風險，不是我想要的，我想要的是有沒有那種可以每年都有很穩定且無風險的收益，你好好研究一下，我來評估看看，對了，定存太慢也太少了，只能撐過通膨，那就不用了；黃金也是一樣主要是抗通膨，而且波動太大也不適合。」

「是有阿，家裡還有營業牌沒有撤銷，若想要做些生意是可以直接使用，只是我們家以前做車輛和機械產業相關的生意，爸媽還是有這方面資源，若想可以研究看看。」

「太難了啦，要經營公司需要有人、技術和資本，我們都沒有，若要經營還需要放棄現在的工作，我是要增加第二收入不是取代現有的收入，這與我想要的不同，所以不可行，再想想，反正不急。」

稍晚，卡爾夫妻與卡爾的朋友在羅東附近的餐廳吃飯，席間相互閒聊並關心對方工作與家人，這時卡爾朋友提出：

「最近有一個大型的工程計畫，需要找可以協助看國際文件與商源開發的兼職顧問，看看有沒有人可以幫忙。」

「可以讓公司請個專門的人幫你，會這種的人很多。」

「嫂子，要請一個專門的人來做沒這麼容易，主要是費用的問題，我們沒有那麼多預算，而且還需要有一些技術面的專業，要做的東西台灣沒有人會，都要引進國外技術，請一個會中文的外國技術專才？不可能的，我們這個行業，30年前都是做國內的，不需要有這樣能力的人就可以應付，如今老的都凋零了，年輕的也不會，也沒有時間可以訓練了，而且工作量也不多，請一個這樣的人我們請不起。」

「你找個人工作室也可以，費用不高，應該可以滿足你的需求。」

「咳！講白了要懂現有技術又會教外國人，雖有機會可以取得共同專利的資格，但人家嫌麻煩錢又少，不願意。」

「對了，據說嫂子有語言上的優勢又有技術能力的專業人才，而且卡爾又是自己人也是技術出身，人面也廣，其實你們可以把這個案子接下來做，費用雖然不多，但是至少可以有至少5年以上的穩定長期收益，算起來也不無小補。」

「你把需求先給我，我還要跟老婆研究一下，若有合適的人就介紹給你。」

用餐完畢後，卡爾夫妻帶我們去逛羅東夜市，沒想到這個夜市很熱鬧，而且還有許多新穎的東西，其中還看到一些復古的玩意，讓阿梅不經回想起小時候逛夜市的興奮感覺，眞是好玩，難怪會吸引這麼多人到來流連忘返。

「老公，現在台北的夜市已經很少看到這些我們小時候的玩意，夜市本就是應該是有玩、有吃、又可以好買，讓逛夜市是一件闔家歡樂的事情……，對了，宜蘭有童玩節，也有傳藝中心，看來眞是很不一樣。」

「嫂子，羅東夜市不是每天都有開，請你們今晚住羅東，就是可以逛夜市，而且我知道這跟台北的不太一樣，卡爾知道你喜歡這些小東西，就請我安排，算是送你們的結婚禮物。」

「感謝用心，也謝謝老公貼心，我只是隨口一提，就是喜歡這些東西，很謝謝你。」

「今晚早點回去，明天再去傳藝中心和冬山河逛逛再回台北。」

「好喔，時間也不晚了，我們明天還要早起，以免耽誤了去瀏覽好時光。」

卡爾夫妻半小時後，就回返飯店，與朋友暫時道別，準備明日旅程；回到飯店，梳洗整理完畢，坐在床上休息時，卡爾看了一下朋友給的文件，然後說：

「我看了一下他說的東西，其實並不難，就因爲這樣，錢才不會有很多，這樣能給的薪水也才兩三萬，但是要請一個能處裡的人，至少沒給到你這樣薪水誰會願意幹，但是這樣一點點工作請一個向你一樣的人眞的是很浪費。」

「他們公司捨不得花錢，就要自己培養，要用現成的人才有不給出像樣的薪資，請得到人才見鬼了。」

「我看，你兼差做他們公司的工作，最多三個禮拜就能搞定了，畢竟這跟你之前在工程公司做的東西差不多，除此之外，而且能達成你要的，你自己看一看，就知道我說的。」

接過文件，阿梅看了一看：

「這東西是不難，而且有一個是可以東西，可以結合我以前寫的東西放入剛好可以使用，沒想到當年研究的東西還可以眞的用得上，只是那個東西早已經做了學術發表，想要商品化也不難，省錢就自己做，有錢就直接去買現成的就好，不論哪種都不難，台灣技術人才很多，我知道很多工程師都很厲害的，點一下就會了，哪有那麼難。」
「反正這是天上掉下來的，到底是禮物還是禍，你自己要想清楚喔！」
「我自己的朋友，不會是騙人的，如果不是好機會，他不會說的。」
「你們男人，碰到朋友兩肋插刀，對我能不能也如此。」
「我在跟你談正事，你在開玩笑，搞甚麼，正經一點。」
「回去再多想想，別急著做決定，好事都要小心陷阱，而且這個東西還要再細察一下，沒看清楚到時候得不償失。」
「是的，老婆大人，這種是要聽老婆的，人家說聽老婆的大富貴。」
「我累了，要睡覺，明天還要去玩，放假期間不要想工作，就好好玩，你朋友的東西，我們明天回台北的路上再研究，反正又不是明天就要給答案，現在最重要的是睡覺，趕快睡覺。」
隔天，朋友來接卡爾夫妻，一行人先去冬山河，大家騎著協力車，在河邊輕鬆的吹著河風，看著波光粼粼的河面，眞是舒暢，離開了親水公園後，前往傳藝中心參觀，並在傳藝中心附近用餐，用餐時朋友又提及昨天所說的案子，看來應該是眞的有這個需要
「關於案子，我和我老婆回去會研究，確定可以再跟你說。」
「沒關係，最快也要兩個月後才會開始執行，現在還在規劃階段。」
揮別朋友後，卡爾夫妻就準備上火車回台北。

在車上，阿梅和卡爾討論這個案件，覺得有些細節部分還是需要透過公司處理，阿梅畢竟是個人頂多只能做勞務上按件計酬，並非長久除非改成另一種形式，才會有能獲得穩定報酬，所以評估後只能放棄。

「你記得回覆人家，我想還是做一些沒那麼複雜的才是。」

結束蜜月旅程之後阿梅夫妻就開始恢復正常的日子，每月回斗六一次，就這樣過了半年之後，阿梅收到一分屬名阿梅的海外掛號信，原來是國外銀行寄來的通知，告知將有一筆匯款匯入。

這筆收入是阿梅多年前海外同學有一個親友請阿梅幫忙，去年幫他們在新加坡尋到很不錯的標的，只是後來這個案件因新馬政策有些變動，就暫緩快一年，前些日子才又告知，可以持續，阿梅本來想說因雙方條件還是有所差距，若沒親自去一趟可能又沒有了，但因爲工作關係，沒辦法過去把細節一次處理完成，就只剩最後一階段要放棄，很不甘心，爲了這件事情阿梅還跟卡爾說，看他可不可以代替自己去完成，後來想一想他也沒有從頭參與，細節無法掌握，所以去好像也沒甚麼用處，正在苦惱的時候，腦中閃過樓下的阿伯。

「對去問阿伯，是我的就是我的，不是我的強求也求不來，至少再盡力一次，是我的我一定可以拿下來。」

就這樣阿梅起身下樓去請阿伯幫我一下……

隔天。

上班時間阿梅收到老闆傳來了一封郵件，是希望阿梅最近可以去新馬出差兩周，這樣也剛好可以解決自己沒法去新馬把事情搞定的問題。

確定時間後，阿梅趕緊約案件出售方，見面把細節談清楚，確定買賣雙方意願後，阿梅立即向買方提交談判結果意見書，並告知可以委派律師，趁自己還在新馬時間雙方先簽訂意向書，正式合約再來細談，沒想到這兩周的不論是公司交辦的工作還是同學的海外案件，一切都很順利的完成，後續就等雙方法院和銀行手續完成就算大公告成。

由於案件複雜度偏高，所以後續只能左顧右盼，等著案件完成，由銀行方提供的第一筆報酬。大約等了三個月左右，終於才收到這案件報酬。在承接這個案子之前，阿梅之前有跟同學提過，我想要的不是一次性的報酬，而是一長久的收益，所以我希望能夠採長期分紅制，剛開始沒答應，只願給一次性的報酬，應該是這段期間都沒有找到更好的方案，所以最終還是回頭來找阿梅，但阿梅後來就沒提了，只是沒想到對方最終把我的名字與希望全部納入履約條件，但是要增加了一個每年需要協助此案管理人與律師提供專業營運方案，阿梅就可以獲得固定的報酬，直到本合約爲止。就這樣當收到第一分謝金後，每年都會有一筆定期海外報酬，持續至今依舊。

雖這個案子在最後階段，阿梅還是請阿伯幫個忙，才能有這個機會完成，讓我靠自己的能力接獲天上掉下來的禮物，並且把這禮物用自己的能力留下來，創造自己想要的；然而這個禮物中，涵蓋了感謝與期盼，因此將每年紅利提撥出一部分作爲社會公益捐款以及持續協助台灣偏鄉醫療改善計畫費用，去幫助需要幫助的人，也讓這個好機運是可以傳承下去。

阿伯送上的第三個禮物——一家三口，孩子到來

阿梅與卡爾結婚後他們夫妻就在台北過著兩人世界，生活算是優雅的頂客生活，其實還滿愜意，而且兩人世界眞的比一個人好，出門總有人陪伴，不會孤單，若不想這麼黏，也沒關係，雙方也都會給對方足夠的交友與工作空間，雖然如此阿梅夫妻都會每日下班交換相互聽到的八卦、睡前床邊對話，讓這一點相互私人空間也可獲得彼此更深的信任，並保持單身擁有的一點自由自在，唯一改變就是每月定期回斗六陪伴公婆而已，其他的並沒甚麼大改變，雖然兩人生活不同一個人，可以隨心所欲，但要進入婚姻這就是必須要有的基本認知，不然很難共同生活，和給予對方最基本的信任，再加上因工作需求，每季定期到公司海外工廠出差，每次回來都眞的是小別勝新婚的感覺。

面對婚姻和孩子，阿梅夫妻我們有同樣的想法，就是所有的事情都隨緣不強求，因爲知道天底下，很多事情是強求不來的，是你的別人搶不走，不是你的強求的也留不住，僅是徒勞而以，但不努力就算被天上掉下來的禮物砸到，你也沒法判斷而留下這個好運，所以沒有勤奮努力的生活著，做一些有利於社會的事情，想要甚麼都不會有，就連想抱佛腳，也要念好經做好事，不然排隊也排不到。

除此之外，兩人共同努力，相互扶持，面對困境時還能一起努力突破難關，並且積累財富的速度也會比較快，想想以前人說，多一個人就是多一分碗筷而已，回頭來算，其實兩人費用並沒不是兩倍的問題，只要沒有過奢華並維持一個人生活基本水準的要求，反而更省，多攢下來錢，就依照婚前我們就有已經有共識，每月扣除個人與維持生活必須之後的餘款存入共同帳戶，歷經半年多以來，兩人共同攢向來的錢，眞的比起一個人努力要多很多，也讓阿梅有更寬裕的生活，而且給起孝親費和斗六家三節開銷紅包或自己有急需的時候，阿梅夫妻均能輕鬆應對。

自從阿梅有要結婚打算開始，阿梅就有開始進行身體調理，想說既然要結婚總要先把自己照顧好，不要讓別人擔心，再加上十多年前阿梅因車禍留下來的隱患，時好時壞，所以經期來的前後也是會很不舒服需要吃止痛藥，後來調理之後症狀有明顯減緩，經期症候群也就比較沒那麼明顯，而且阿梅在有正常且高品質的性生活之後，配合中西醫聯合調理，已經有一陣子根本就沒有感受到經期症候群。以前老人家說經期症候群結婚就會好，好像也不是沒有道理，畢竟有給予高品質的感情與性生活的老公，再加上愛管阿梅的阿伯，然後再加上醫生的調理，應該就是讓身體漸漸變健康，經期來也就不用再吃止痛藥和腰酸背痛了。

時序進入第一年的結婚紀念日，前幾天阿梅才從國內出差回來，本來安排是結婚紀念日活動，一周後只因公司海外建廠狀況有些問題，今日董事會決議必須派人立即過去處理，事出突然，打亂原本安排，就在出發前一天，阿梅當天作夢沒睡好，因爲是惡夢且又時間有點來不及，就沒立即處理，沒想到在旅途中，阿梅感覺很不舒服，想說應該前一陣子工作太累經常加班的關係，所以做夢是要提醒自己要顧身體，反正也就這樣，經期前症候群一直持續到回來，等回來後阿梅這個月的月經就來了，只是阿梅的症狀好像變得更嚴重了，就先循舊往的吃止痛藥看看會不會有效，結果沒有，因此原本要慶祝的日子就只好作罷，想等症狀消除後再來慶祝。

一早起床，阿梅覺得還好，應該是藥效發揮有效了，就沒多想，只是藥效一過又開始很很痛，到了晚上洗澡的時候，突然阿梅下體流出一個大血塊，有點嚇一大跳，以前從來沒有過，覺得是不是眞的身體有問題，但吃藥就痛就不會痛，只是出血量好像比以前多，這樣應該可以等到明天一早再去看婦產科就好。

隔天阿梅一早請假去看病，卡爾看到阿梅這樣也很擔心，但因有客戶事情要先處理，所以早上還是先進公司把公事處理完畢後，再來醫院與阿梅會合，在醫院等候看診的時候，阿梅回想起上個月月經來潮的紀錄，才發現到這個月的月經是有晚超過一周，自己怎麼都沒注意，想起之前的噩夢應該是提醒自己身體出狀況要多留意，但自己沒多留心，所以又只能受罪了。

終於輪到阿梅了，阿梅進去跟醫師說了自己的狀況，醫生就問：

「你已婚還是未婚？」

「我已經結婚一年了。」

「你們有沒有避孕？」

「我們沒有。」

「所以都有睡一起和行房？」

「對。」

「目前超音波看來是還好，你等一下去檢驗部準備驗尿，你有可能是流產。」

「不會吧，流產？我月經也沒晚幾天，而且沒有任何症狀，怎可能懷孕？」

「你應該是太粗心了，懷孕和經期症候群還是有些不一樣，若確定流產，要留院治療，有人陪你來嗎？」

「有，我先生在外面等我。」

「妳先生還滿體貼的，好先這樣，你整理一下，外面等一下檢驗結果。」

阿梅出了診間後跟卡爾說：

「醫生說，等一下要做檢查，我可能是流產了，如果是要住院觀察治療。」

約莫半個多小時後，檢查結果應該也出來了，這時候護士在診間外叫阿梅的名字，阿梅隨即進入。

「醫生，不知檢查結果如何？」

「你流產了，等一下去住院處登記，安排住院手續，雖然超音波沒有看到有殘留胚胎，但以你現在的狀況，還是留院觀察一天，確定沒問題再出院。」

阿梅當下感覺腦袋被重重地打了一拳，不知該說甚麼，這時候護士跟阿梅說：

「你外面等一下拿單子去辦理住院……。」

阿梅就走出診間，看到卡爾時就跟他說：

「我流產了，等一下辦住院，醫生說先留院觀察，因爲我狀況不好。」

「你坐在這裡，我去辦，辦好去病房休息。」

……

「辦好了，現在就可以過去病房。」

阿梅和卡爾就往病房方向過去。

到了病房，阿梅依照護士安排到病房躺下，換上病服，然後卡爾再去樓下幫阿梅準備一些住院需要的東西，這時後住院醫師到來阿梅病床說：

「您好，我跟王醫師確認過，要先幫你吊點滴，因爲你流產，血紅素偏低，護士等一下會送藥過來，記得先吃，讓你子宮收縮正常，惡露排乾淨些，另外這裡有一分流產的衛教手冊，你有興趣可以自己研讀，喔，你高齡耶，之前有生過孩子嗎？」

「沒有。」

「這個是做的嗎？」

「做的？」阿梅沒聽懂，這時候護士說：

「人工受孕！」

「喔！不是。」

「好，等一下好好休息，晚一點王醫師和我再來看你的狀況。」

「謝謝醫生。」

晚一些時間，藥送來了，吃完藥又吊著點滴，阿梅就在床上睡著了，等到再次醒來的時候，才想起自己現在躺在醫院病床上治療著，然後卡爾就趴在床頭邊休息，阿梅摸摸他的頭，他就醒來看著阿梅說：

「有沒有舒服一點，你太累了，要好好休息。」

阿梅紅著眼眶，摸著肚子跟卡爾說：

「嗚，嗚，我流產了，沒保住……，我……」

卡爾抱著阿梅說：

「沒關係，以後還會有，把自己照顧好比較重要，不哭。」

「我沒想到我能懷孕，可是：我眞的很難過……，我是不是一個不及格的媽媽，沒好好照顧他，所以他不要我了…嗚嗚。」

「梅梅，不用多想，醫師不是有說，胚胎不成熟就離開了，若眞的想要有小孩，我們之後還會有機會的。」

「我怕，我沒辦法了……」
「別想那麼多，先把身體調養好，不論想要做甚麼，都還是要有好身體才行。」
阿梅在卡爾的溫柔安慰和藥效下又繼續睡著了。
經過一日的治療後，隔天一早醫生來巡病房時，告知晚一點就可以安排出院回家休養。
這件事情阿梅夫妻也不敢讓其他人知道，擔心公婆傷心和怪罪，所以就於出院後，就先去中醫門診，請中醫師開立一些流產小月子的補藥，畢竟流產、又吃很多西藥是很傷身體的元氣，而且當時醫生檢查的時候，發現子宮內有多個大小不一的肌瘤，因此也不能自行隨意調理補身，還是要透過專業中醫師來精心調理，才可避免落下了病根。
約花了兩周的醫藥調理後，總是覺得有甚麼事情沒辦妥，一直掛心，流產這件事，阿梅一直心有罣礙，所以阿梅就跟卡爾說：
「我想這個小寶貝，雖然與我們無緣，我希望他能往生極樂，有機會再來當我們的小孩或去一個可以被疼愛、呵護的長大的家庭。」
「你想替他辦個超渡法會對吧。」
「既然我與他無緣分，但我還是希望可以可以結這個善緣，透過我的功德，讓他有機會快速轉世，不需要掛心我們與他的情緣。」
「那你就去安排吧，我配合就好，希望這樣你能開心點。」

於是阿梅找時間去地藏庵詢問嬰靈超渡的方法，阿梅夫妻就先就近找個時間先簡單先處理，然後再配合廟裡的年度超渡法會，辦理嬰靈超渡。由於近年來阿梅每年都會配合廟裡年度超度時間替祖先與父母辦理超渡，知曉此超渡的效用，也對於陰間的親友多是有些作用，只是功效大小，最終還是與往生者在世時所造的業有關，畢竟法不破業力，唯有透過自身所建立之功德才能化解，至於親人的功德能化解多少，就看自己在世累積的福報吧。

阿梅這個來不及出世的孩子，雖這一世對於這個花花世界，尙沒有機會產生牽掛，不論未成功的原因爲何、他的前世累業是否持續影響到這次輪迴轉世，既然已進入輪迴轉世爲人的通道，但卻沒成功，終需有菩薩、佛法引導和阿梅這對無緣父母的祝福，使其放下未成功轉世的執念與怨懟，讓他儘快完成再次排入轉世爲人的通道上，盡快再度轉世爲人，完成這一世與來世在紅塵中所需創造的使命。

幾天後的假日，阿梅和卡爾去地藏庵先辦初步渡化嬰靈，依照廟方的建議準備了一些供品，輪到阿梅夫妻的時候，阿梅心裡還是很激動，原來是自己，對這件事情還是沒有放下和心靈上得到眞正的療癒，所以法師一邊念著祭文，阿梅的眼淚不停的在菩薩面前滾滾流下，泣不成聲，畢竟是自己沒能好好照顧自己的身體把他保下來，所以希望孩子能夠原諒自己，這個無緣的母親，正因如此內疚，所以這些法會要有效，最先要先讓自己能夠放下所有一切牽掛，讓自己減少內疚、療愈自己的內心後，才能以祝福相送，讓他快快再次轉世，雙方都不再牽掛而影響雙方的未來。

今天完成了簡單渡化法會，並沒有讓阿梅釋懷一些，反而覺得更傷心了，雖知道，這無緣孩子這件事，也是需要經歷心靈療癒的各階段，然而哭泣代表阿梅已經從沮喪進入接受的階段，哭泣只是一種情緒上的宣洩，代表這件事情眞實存在，阿梅也必須接受這個現實，只是還不能完全接受，是自己的疏忽所造成的結果，透過法會證明爸爸媽媽是很愛他的，而無法控制的淚水，正是希盼能他能藉由自己的淚水，撫慰他和自己內心所受衝擊，並將淚水化作祝福，使雙方都有勇氣繼續走向更美好的將來。

離開廟後，上車後，阿梅淚流著跟卡爾說：

「我的心眞的好痛喔，這個小寶貝，是媽媽對不起……」

卡爾並沒有回答，就默默著繼續開車往回家的路上，一進家門，卡爾就衝進廁所，直到半個小時後也是眼睛紅紅的出來，一語不發坐在客廳跟阿梅一起肩靠肩望著電視機，雖知男兒有淚不輕彈，只因未到傷心時……

農曆七月是廟裡辦正式超渡法會的日子，阿梅夫妻這次特地各自請假一天來陪伴這無緣孩子，透過時間的療癒，不再如此傷心難過了，反而是內心最眞誠的祝福取代淚水，也希望透過無緣父母的祝福，讓他能順利投胎轉世。法會結束後的兩天進入農曆八月，時序也進入秋高氣爽的日子，也要開始準備回家過中秋節，在回家的前幾天的晚上，阿梅做了一個夢：有一個阿伯跟帶著一隻狗，笑笑地看了看阿梅，突然阿伯後面跑出一個小孩，阿梅看不出性別，可是很安分地跟在阿伯和狗狗後面，沒多久他們轉身那個小孩好像揮手，整個夢境沒有任何對話，給人感覺很寧靜與安詳。醒來想說應該是阿伯找到了我無緣的孩子，來跟我道別要去投胎了，我下樓看到阿伯，跟阿伯說：

「謝謝您，我知道有阿伯的照顧與安排，他一切都好，衷心期盼與祝福他有個美好的將來。」這時阿梅也才眞正放下了，一切又回歸於平淡生活之中，因爲這次痛徹心扉的教訓，深深烙印著，從此之後，阿梅只要有作夢一定會研判所代表的事情與意義，多加小心以免造成不可挽回的狀況，阿伯的託夢提醒，也讓阿梅遇事之前都能收到警訊，提早防範讓大事化小，傷害降到最低，工作上均能平安過關。

阿梅和卡爾結婚已兩年了，雖然兩人本來就對孩子這件事採取不強求的心態，可是老人家還是很希望能夠擁有自己的孫子，而且卡爾的哥哥自始自終都沒有結婚的打算，所以每年過年，老人家只能旁敲側擊的，一次席間，卡爾很不耐煩地說：

「又不是生不出來，急甚麼。」

「你們都幾歲了，自己想清楚！」

「知道啦，反正這種事情也不是我們說的算數，要天時地利人和都到位，欠一個就沒有，若有就會說。」

老人家知道阿梅夫妻有放在心上，也笑笑地繼續吃飯。回想起上次懷孕流產，或許是展開另一個機緣，因為阿梅發現經過流產的小月子、兩次法會後，阿梅的經期症候群已經完全消失了，每次都乖乖來，順順結束，不再像以前經期前後三不五時這酸那痛了，身體更加健康了；雖然流產的心痛是永遠記憶不會消失，但卻因為如此，讓自己對於細節更加注意了，反而有助於事業上的成就與財富上的順遂。

時序過了七夕，這幾天卡爾因公出差都不在國內多日，小別勝新婚，回來後這幾天，阿梅夫妻每天晚上都很用功做人，解渡相思與孤獨寂寞。

一下子就到農曆七月底，這是地藏王菩薩的生日，自從阿伯的到來，阿梅每年都會幫阿伯祝壽與先祖超渡，只是每次在寫祈求的時候，阿梅都寫闔家健康平安，事業鴻圖大展，財源廣進這類的內容，今年阿梅改了一下改成闔家平安添丁興旺，事業暢旺順遂，財源廣進，看看是不是有機會，反正寫了也不一定都能達成，不然大家寫一寫就好，幹嘛要勤奮努力。只是回來沒多久，卡爾又要出差，還不知道趕不趕得回來過中秋，還是將留阿梅一個人留在台北過中秋，雖知這兩次他都是因公出差，但總還是會小小抱怨一下。

「嗨，我如今出差頻率減少了，換你了增加了，搞甚麼阿。」

「你終於知道，一個人獨守的感覺了阿！」

「這樣我們就減少機會了耶！」

「排卵日阿，受孕的機會！」

「你還在算阿，是要生還是不生！」

「生又不是我一個人的事情，排卵日你不在怎麼生。」

「沒辦法啊，你最近經期有準嗎？」

「有，趁還沒出去之前，先多交些作業好了，我可是不讓欠的。」

「唉呦，這麼色，這幾天補的還不夠啊！」

「不管啦，反正今天我欠很大，不然你是要我找別人補喔！」

「你敢！」

「你把我餵飽就不會阿，你又很容易餵飽我，別人可能就很難了。」

「好啦，就趕快把你餵飽飽就對了。」

「等一下樓上等你把我餵飽。」

「知道了，老婆大人。」

卡爾出差這幾天，阿梅總覺得人有些不太對勁，但又說不上來，就感覺累累的，身體感覺有點腫，回去翻查一下紀錄，原來是我看將經期到來日看成排卵日了，那這樣經期已經晚了一周，所以人覺得怪怪的，只是已經有好一陣子都沒遇到這樣狀況，而且上次流產心有餘悸，所以就先阿梅自己去超商買驗孕棒備著，若在兩天沒來，自己先驗一下，先確定是否懷孕還是經期延遲。

隔天一早，症狀沒有消退，但也沒有變嚴重，可還是要趕著上班，只是要小心留意不能亂吃藥，等晚上回來看狀況。今天就準時下班，看看能不能舒緩一下症狀，只是還是很累，就早早與卡爾講完電話準備睡覺。可是還是有點不安，所以就雙手合十跟阿伯說：

「阿伯，我希望這些症狀是懷孕不是疾病，若眞是有幸，卡爾不在家，就麻煩你多多照看我了。」

隔天一早，月經還是沒來，這樣已經延後超過一周了，阿梅就拿著我準備好的驗孕筆確認一下是懷孕還是病症，五分鐘後，阿梅看到了驗孕筆明顯出現了兩條線。

「啊！我又懷孕了。」

阿梅立即發ＬＩＮＥ給卡爾跟他說：

「老公，我有件很重要的事情要跟你說，等一下你有空在ＬＩＮＥ我。」

幾分鐘後，卡爾打ＬＩＮＥ來，語氣很擔心單的說

「是發生甚麼事情這麼？」

「我跟你說，你不要這麼緊張害怕啦，就前幾天不是跟你說我人不舒服嘛！」

「對啊，有沒有去看醫生。」

「嗯……我可能又懷孕了，想讓你早點回來陪我去看醫生。」

「眞的啊」

「我，今天早上起來自己拿驗孕筆驗了一下，有兩條線，應該是懷孕了。」

「喔，既然這樣，我這邊快忙完了，這兩天就回去，你趕快去預約看診，我陪你去。」

「好，我約好了再跟你說，先這樣，你先去忙吧。」

「好。」

三天後，卡爾回到台北，晚上陪阿梅一起去醫院確定否眞的懷孕，在候診的時候，卡爾說：

「一切都等醫生確認，若是，過兩天是中秋節，我們一起回去跟爸媽說這個好消息，他們會很高興的，然後對了……沒事，回家再說。」

輪到阿梅了，阿梅跟醫生說明狀況，然後安排檢查，

「梅梅小姐，既然這樣，我們還是要做兩道檢查，確認一下。」

「好。」

終於驗尿結果出來，醫生告訴阿梅說：

「恭喜你，懷孕了」

「有人陪你來嗎？」

「我先生在外面。」

「好，我們照一下超音波在確認下是不是已經著床了。」

「這個胚胎著床很成功，很安全的躺在子宮中喔，很棒喔，好你慢慢來整理好在出來，這照片給你留作紀念。」

回到診間看報告時，醫師請卡爾一起進來聽解說：

「卡爾先生您好，恭喜你，你老婆懷孕了，怎麼不去找幫你做人工受孕的醫師，這樣會比較好，畢竟他最清楚你整個治療狀況！」

「醫師，我們不是人工受孕。」

「啊，自然受孕！第一胎，你46歲？第一胎？」

「對。」

「你超高齡產婦喔，回去要多休息，別太過勞累了，畢竟年齡與體力有關係，前期冰冷的不要吃，其他的就沒關係，另外有一件事情你心裡要有底，就是年紀大通常流產的機會比較大，所以盡量最晚十一點一定要休息，還有累了一定要休息，勞心和勞力是一樣的，都不可以太過，都很容易造成流產，其餘的等一下護士會給你一張高齡產檢的計畫時程表，你按照這個時間回來就好，恭喜。」

「謝謝醫師。」

「老公，你有沒有高興，我懷孕了。」

「當然高興，……我們先回家，你要多休息。」

「好。」

回到家中洗漱完畢，阿梅就在床上躺著，然後卡爾也陪在旁，並說：

「我這次出國去的前一天晚上有夢到兩個小孩，菩薩問我要哪一個，就隨手一抓一個小男生，說男的先來。」

「沒想到，你就懷孕了。」

「我想他應該是男孩！」

「怎麼你都沒說！」

「我怕你有壓力，所以想說以後再說。」

「或許就是菩薩賜給我們的，我們要好好保護他讓他順利出世。」

「過幾天回去過節，我在跟爸媽說，然後讓他們打電話給阿嬤，跟他說有曾孫了。」

過節回去，卡爾帶著這個好消息告知公婆和阿嬤，都是非常歡喜，婆婆就說：

「男的女的一樣好，我們要趕快稟報祖先」

……

懷孕初期，醫師一直很擔心阿梅的症狀會很明顯，但阿梅都只有想睡覺而已，沒有其他鎭狀，直到懷孕滿四個月的時候，孕吐非常嚴重，醫師、卡爾和阿梅自己的朋友都推薦了許多止吐偏方，結果沒效，反而更嚴重了，止吐藥吃下去，昏昏欲睡而且完全沒有食欲，且吃啥吐啥，搞的三不五時要去急診室打營養針，把醫師搞得也很擔心，當然也沒辦法去上班只能請安胎假，所幸公司和主管都很體諒，也調整了工作內容，等到症狀減緩後，確定是個小男生，公婆和阿嬤，喜上眉梢，每天高高興興準備小孩子的東西，但卻沒想到阿梅這個孕婦，都快被肚子裏這個小子搞到不知每天要吃甚麼，才能伺候他乖乖的，不要搞媽媽。有人說，肚子裡難搞總比出來難搞的好，而且在肚子內難搞，通常出來還滿乖的。只能說希望如此！

懷孕後期，改成三不五時作惡夢，因爲太頻繁了，故阿梅和卡爾上山問師父，師父只跟阿梅夫妻說：

「你老婆不舒服就念往生咒，然後再請家中地藏王菩薩替你們處理，所有餐食請記得要加些拜過的水應該能改善。」

就這樣直到生產前有任何不舒服就，都要請阿伯幫忙處理，一起安撫孩子和解決相關人等的冤親債主，以保順產。

懷孕到最後期時，要剖腹還是自然生產，完全就要看胎兒的頭有沒有轉下來，但到最後確定阿梅肚內胎兒的頭沒有轉下來，只能採剖腹生產，這時醫師很語重心長的說：

「沒轉下來，我擔心你會堅持要自然產；幸好這孩子很孝順，讓你只要挨一刀就可以了，看來他也知道你懷他是多麼辛苦，所以相信以後會是很孝順的。」

「好，就剖腹生產吧，只是有甚麼要留意的？」

「等一下護士會給你剖腹和生產需要準備的東西，你帶回去參考一下，下一次回來也差不多要先做麻醉評估囉。」

「好，謝謝醫師。」

做完麻醉評估後的星期五晚上，阿梅突然肚子不舒服，但離醫師說的預產期和安排剖腹的時間提早了2周，阿梅在床上動一動後就舒服，想說可能是姿勢壓到寶寶了，他不舒服，後來除了不舒服，開始會痛，還想跑廁所感覺要大便，但還是沒有，就這樣來回兩趟後天亮，阿梅跟卡爾說，「我肚子不舒服，趕快送我去醫院，我待產包的東西在這裡，一起過去，說不一定要生了。」

「不是還沒到預產期，你等一下我叫車，馬上去醫院。」

十分鐘後，阿梅夫妻到醫院急診室，那時還在新冠肺炎醫院管制條件下，經過急診醫師確認後。

「你要生了，已經開兩指了！」

「阿梅小姐的家屬！」

「是阿梅小姐的家屬嗎？」

「我是她先生，請問怎樣了？」

「他要生了，依照之前病歷看來，剖腹，請問有指定醫師？」

「有，就他的產檢醫師。」

「好，我們立即通知，然後你趕快去辦開刀和住院手續。」

然後沒多久，執刀醫師來待產室看阿梅，跟阿梅說：

「你要生了，等一下我幫你接生，不用緊張，等開刀房安排好就推你上去。」沒多久，阿梅就被推進去手術室，當醫師給予針劑和護士的安撫舒緩了緊張的情緒，畢竟這是47年以來第一次進開刀房，沒過多久阿梅聽到了一個微微的哇哇哭聲。

「阿梅小姐這是你兒子，來讓他躺在你身邊一下，等一下送去嬰兒室。」

「嗨，小小我是媽媽，歡迎你的到來……」

孩子就被接去嬰兒室，等到阿梅再次醒來的時候，已經在恢復室了，這時卡爾跟阿梅說：

「我剛剛抱過我們兒子了，是我同學來照顧我們兒子，不用擔心。」

「這麼幸運，看來兒子會有貴人照顧了。」

生產順利，孩子出生也很順利，都沒有任何不適的症狀。

阿梅在月子中心做完月子後，孩子也滿月回南部家，整個家裡都很高興，老人家還宴請親友吃滿月酒，昭告大家卡爾家長孫出世。

如今阿梅的兒子即將滿三歲，在充滿愛與健康的環境中慢慢長大，在一次洗澡過程中，阿梅發現他身上已經長痣，而且與阿梅的某些痣的大小比例與位置一模一樣，看來將要繼承阿梅的志向——致力於社會公益與改善偏鄉醫療進而使台灣這片土地，都是宜居之地，並在阿伯的庇護下逐漸茁壯長大成人，以傳承自身使命，永世流傳。

國家圖書館出版品預行編目資料

阮兜ㄟ阿伯——帶你尋找真正的幸福／涂琦臻著.
--初版.--臺中市：白象文化事業有限公司，2023.11
面； 公分
ISBN 978-626-364-137-2（平裝）

1.CST: 宗教 2.CST: 民間信仰

271.9 112016044

阮兜ㄟ阿伯——帶你尋找真正的幸福

作　　者　涂琦臻
校　　對　涂琦臻
封面設計　涂琦臻
發 行 人　張輝潭
出版發行　白象文化事業有限公司
412台中市大里區科技路1號8樓之2（台中軟體園區）
出版專線：（04）2496-5995　傳真：（04）2496-9901
401台中市東區和平街228巷44號（經銷部）
購書專線：（04）2220-8589　傳真：（04）2220-8505
專案主編　李婕
出版編印　林榮威、陳逸儒、黃麗穎、水邊、陳媁婷、李婕、林金郎
設計創意　張禮南、何佳諠
經紀企劃　張輝潭、徐錦淳、張馨方、林尉儒
經銷推廣　李莉吟、莊博亞、劉育姍、林政泓
行銷宣傳　黃姿虹、沈若瑜
營運管理　曾千熏、羅禎琳
印　　刷　百通科技股份有限公司
初版一刷　2023 年 11 月
定　　價　280 元